Die Vorabentscheidung über den Grund des Anspruchs.

Eine Darstellung des Verfahrens nach §§ 304, 538 ZPO.

Von

Dr. A. Schuntner
in München.

München, Berlin und Leipzig.
J. Schweitzer Verlag (Arthur Sellier).

Die Vorabentscheidung über den Grund des Anspruchs.

Eine Darstellung des Verfahrens nach §§ 304, 538 ZPO.

Von

Dr. A. Schuntner
in München.

München, Berlin und Leipzig.
J. Schweitzer Verlag (Arthur Sellier).

Druck von U. E. Sebald, Kgl. Bayer. Hofbuchdruckerei, Nürnberg.

Vorbemerkung.

Bei Bearbeitung vorliegender Abhandlung habe ich es als meine Aufgabe betrachtet, das zur Erläuterung der §§ 304 und 538 Ziff. 3 der Reichszivilprozeßordnung in Literatur und Rechtsprechung produzierte Material zu sammeln und nach kritischer Prüfung mit den Ergebnissen eigenen Nachdenkens zu einem einheitlichen Ganzen zu verarbeiten.

Die vorliegende Abhandlung will nicht eine „rein akademische Abhandlung" in dem Sinne sein, in welchem dieses Wort in der Praxis vielfach gebraucht wird, sondern sie will womöglich, wenn auch in bescheidenstem Maße, dem praktischen Rechtsleben dienen. Aus diesem Grunde ist auf die Rechtsprechung der obersten Gerichte, die ja allein schon vom wissenschaftlichen Standpunkt aus alle Achtung verdient, insbesondere auf die Rechtsprechung des Reichsgerichts eingehende Rücksicht genommen worden. Daß es sich hierbei für mich nicht um einen „Präjudizienkultus", vor dem Ö r t m a n n im Vorwort zum „Allgemeinen Teil des BGB." die Juristen so eindringlich warnt, gehandelt hat, dürfte aus der Abhandlung hinreichend ersichtlich sein.

Die neueste (10.) Auflage von G a u p p - S t e i n s Kommentar wurde, soweit sie erschienen ist, berücksichtigt.

München, am 28. März 1913.

A. Schuntner.

Inhaltsübersicht.

Abkürzungen:

A. a. O. = am angeführten Orte.
A. F. = alter Fassung (ZPO. vor 1900).
A. M. = anderer Meinung.
BayrOLGE. (a. F.), (n. F.) = Entscheidungen des Bayer. Obersten Landesgerichts in Zivilsachen, alte Folge (= vor 1900), neue Folge (= nach 1900).
BlfRA. = Blätter für Rechtsanwendung.
BGB. = Bürgerliches Gesetzbuch.
Gruchot = Beiträge zur Erläuterung des deutschen Rechts. Begründet von Gruchot.
JW. = Juristische Wochenschrift.
M. E. = meines Erachtens.
M. W. = meines Wissens.
Mot. = Begründung des Entwurfs einer ZPO. und des EG.
N. = Nummer oder Note.
Recht = Das Recht, Rundschau für den deutschen Juristenstand, herausgegeben von Soergel.
RG. = Reichsgericht.
RGE. = Entscheidungen des Reichsgerichts in Zivilsachen.
Rspr. = Rechtsprechung der Oberlandesgerichte.
S. = siehe oder Seite; nicht aber = so.
SchmidtB. = Schmidt-Bardeleben.
SkonG. = Skonietzki und Gelpcke.
StruckmK. = Struckmann-Koch.
SydowB. = Sydow und Busch.
WilmLevy = Wilmowsky und Levy.

ZPO. = Zivilprozeßordnung.
ZtschrZPr. = Zeitschrift für deutschen Zivilprozeß. Herausgegeben von Busch, jetzt von Schultzenstein und Vierhaus.
ZtschRpf. = Zeitschrift für Rechtspflege in Bayern.
Paragraphen ohne Angabe des Gesetzes bedeuten die Paragraphen der Zivilprozeßordnung.
Seiten ohne Angabe des Buches bedeuten die Seiten dieser Abhandlung.
§ 302 IV c = Paragraph 302, Absatz 4, Satz 3.
1904, 210 (165) = Jahrg. 1904, Seite 210, Nummer 165.

Quellenangabe:

A. Die wichtigsten Gesetzesstellen:

ZPO. §§ 304, 538, 275, 347, 322, 302. —

B. Gesetzgeberische Vorarbeiten:

a) Begründung des Entwurfs einer ZPO. und des EG. (1874).
b) Protokolle der Reichstags-Justiz-Kommission (1875/6).
c) Begründung der Novelle zur ZPO. vom Jahre 1898 (1897).

C. Kommentare und Lehrbücher:

a) **Seuffert, L. v.**, Komm. z. ZPO., 11. Aufl. 1911.
Gaupp-Stein, Die ZPO. f. d. Deutsche Reich, 10. Aufl. 1911/3.
Endemann, Der deutsche Zivilprozeß, 1878/9.
Förster (-Engelmann-Kann), Die ZPO. für das Deutsche Reich, I. Bd., 2. Aufl., 1902—08.
Neukamp, Handkomm. zur ZPO., 2. Aufl., 1911.
Petersen, Die ZPO. für das Deutsche Reich, 5. Aufl., 1904/6.
Reincke, Die ZPO., 6. Aufl., 1905—10.
Skonietzki-Gelpcke, ZPO. und GVG., I. Bd., 1911.
Struckmann-Koch, Die ZPO. und das GVG., 9. Aufl., 1910.
Wilmowsky-Levy, Zivilprozeßordnung, 7. Aufl., 1895.
b) **Bunsen**, Lehrbuch des Zivilprozesses, 1900.
Heilfron-Pick, Lehrbuch des Zivilprozeßrechts, 2. Aufl., 1910/11.
Hellmann, Lehrbuch des Zivilprozeßrechts, 1886.
Hellwig, Lehrbuch des deutschen Zivilprozesses, 1903—09.
Fitting, Der Reichszivilprozeß, 12. und 13. Aufl., 1907.
Kleinfeller, Lehrbuch des deutschen Zivilprozeßrechts, 2. Aufl., 1910.
Kohler, Grundriß des Zivilprosses, 2. Aufl., 1909.
Planck, Lehrbuch des Zivilprozeßrechts, 1887—96.

Schmidt, Lehrbuch des deutschen Zivilprozeßrechts, 2. Aufl., 1906.
Wach, Handbuch des deutschen Zivilprozeßrechts, I. Bd., 1885.
Weismann, Lehrbuch des deutschen Zivilprozeßrechts, 1903/05.
c) **Pfafferoth**, Das deutsche Gerichtskostenwesen, 8. Aufl., 1903.
Rittmann, Wert des Streitgegenstandes, 2. Aufl., 1905.
Willenbücher, Das Kostenfestsetzungsverfahren, 6. Aufl., 1906.

D. **Abhandlungen** (chronologisch geordnet):

Hönemann, Gruchot 25, 858 ff. (1881).
Dreyer, Gruchot 26, 131 (1882).
Keyßner, Zeitschrift für das gesamte Handelsrecht. Begründet von Goldschmidt 27, 327 ff. (1882).
Barazetti, Die Rechtsmittel der Berufung und Beschwerde (1882).
Oppenheim, Gruchot 27, 1 ff. (1883).
Eccius, Gruchot 27, 476 ff. (1883).
Franke, ZtschZPr. 6, 86 f. (1883).
Struckmann, ZtschZPr. 6, 441 (1883).
Schollmeyer, Die Kompensationseinrede (1884).
Seuffert L. v., ZtschZPr. 7, 17 ff. (1884).
Troll, Das Versäumnisurteil (1887).
Kohler, Der Prozeß als Rechtsverhältnis (1888).
Hagemann, ZtschZPr. 12, 359 ff. (1888).
Fitting, ZtschZPr. 14, 223 (1890).
Haas, Gruchot 34, 336 ff. (1890).
Meyer, ZtschZPr. 16, 533 ff. (1891).
Barkhausen, ZtschZPr. 17, 141 (1892).
Hergenhahn, Archiv für die zivile Praxis 79, 122 (1892).
Zeitlmann, Der Einfluß des Zwischenurteils (1893).
Mayer, Anspruch und Rechtskraft (1896).
Wach, Vorträge über die RZPO. (1896).
Simonson, Gruchot 46, 99 ff. (1902).
Marwitz, Das Urteil in bürgerlichen Rechtsstreitigkeiten (Hilfsbücher für die gerichtliche Praxis) (1902).
Schmidt-Bardeleben, Gruchot 47, 588 ff., 781 ff. (1903).
Kleinfeller, Kritische Vierteljahrsschrift für Gesetzgebung und Rechtswissenschaft 45, 45 (1904).
Römer, „Recht" (Ztsch.) 10, 676 f. (1906).
Eickhoff, Gruchot 51, 110 ff. (1907).
Schneider, Zeitschrift für Rechtspflege in Bayern 4, 29 ff. (1908).
Geib, Rechtsschutzbegehren (1909).

E. **Rechtsprechung:**

a) Entscheidungen des Reichsgerichts
in der offiziellen Sammlung,
in Seufferts Archiv,

in der Juristischen Wochenschrift,
in Gruchots Beiträgen z. E. d. dtsch. R.,
im „Recht",
in den Blättern für Rechtsanwendung.

b) Entscheidungen des Bayer. Obersten Landesgerichts
in Gegenständen des Zivilrechts und Zivilprozesses (sog alte Folge),
in Zivilsachen (sog. neue Folge).

c) Rechtsprechung der Oberlandesgerichte
auf dem Gebiete des Zivilrechts (Mugdan und Falkmann).

Weitere Entscheidungen als die in der Abhandlung zitierten finden sich in Neukamp, §§ 304, 275, 538 und in Skonietzki-Gelpcke, §§ 304, 275 angeführt. —

F. **Weitere Literaturangaben** für die vorliegende Materie finden sich:

1. in der Mecklenburgischen Zeitschrift für Rechtspflege und Rechtswissenschaft 1, 176 ff.,
2. in Gruchot 28, 179 ff.

} für die Zeit bis 1884, zusammengestellt von Karl v. Birkmeyer;

3. in der ZtschZPr. und zwar:
   in Bd. 1 (bis 1879, von Bleichrodt),
   in Bd. 3 (bis 1881, von Ring),
   in Bd. 15, 17—19, 21—24, 26, 27, 29 (1888—1900, von Kleinfeller),
   in Bd. 30, 32, 33 (1901—1903, „Gesamtbericht über die Literatur des deutschen Prozeßrechts" von Mendelssohn-Bartholdy),
   in Bd. 35—37, 39, 40 (RA. Dr. Kann).

Einleitung.

Prozesse rasch und billig zu erledigen ist das wirtschaftliche Haupterfordernis einer wahrhaft modernen, volkstümlichen Justiz.

Daß Streitigkeiten rasch erledigt werden, erheischt die Schnellebigkeit und Betriebsamkeit unserer Zeit. Mit Recht verlangt die Gegenwart, in der alle Verkehrswerte durch die rastlose Tätigkeit menschlichen Erfindergeistes und die fabelhafte Schnelligkeit der Beförderungsmittel in ständigem Fließen und Schwanken gehalten werden, daß auch die Justiz dem allgemeinen Zuge folge. Wir werden an das Märchen vom schlafenden Dornröschen erinnert, wenn wir von den hundertjährigen Prozessen vergangener Zeiten hören.

Daß Streitigkeiten billig, d. h. mit dem geringsten Aufwand von Kosten erledigt werden, verlangt der Grundsatz der Wirtschaftlichkeit, der auch im Staatsleben nach Möglichkeit beachtet werden muß, und der soziale Sinn unserer Tage, der auch dem ärmeren Volksgenossen die Rechtsverfolgung ohne großes Kostenrisiko ermöglicht wissen will.

Diesem letzteren Begehren, einer Verbilligung der Prozeßkosten, trägt unsere Zivilprozeßordnung in § 304 Rechnung, welcher besagt:

> „Ist ein Anspruch nach Grund und Betrag streitig, so kann das Gericht über den Grund vorab entscheiden.
>
> Das Urteil ist in Betreff der Rechtsmittel als Endurteil anzusehen; das Ge-

richt kann jedoch, wenn der Anspruch für begründet erklärt ist, auf Antrag anordnen, daß über den Betrag zu verhandeln sei".

Auch § 304 ZPO. weist eine zwar kurze, für sein Verständnis aber keineswegs bedeutungslose geschichtliche Entwickelung auf.

1. Bereits in der preußischen allgemeinen Gerichtsordnung findet sich der Streit über den Grund des Anspruchs auseinandergehalten vom Streit über dessen Betrag; doch war dort in I, 13, § 40 das direkte Gegenteil von dem, was nunmehr Rechtens ist, angeordnet und bestimmt, daß der Richter, wenn er eine Forderung wegen Verneinung ihres Grundes abweise, auch noch eventuell über ihren Betrag zu erkennen habe.

2. Um diese vielfach angefochtene Gesetzesbestimmung wieder zu beseitigen, wurde in § 353 des preußischen Entwurfs einer Prozeßordnung (vom Jahre 1864) ausdrücklich bemerkt:

„Erachtet das Gericht ein Angriffs- oder Verteidigungsmittel für durchgreifend, so ist es nicht verpflichtet, sich auf eine weitere Beurteilung einzulassen. Namentlich gelten auch diejenigen Anträge für erledigt, welche nur für den Fall gestellt sind, daß das Angriff- oder Verteidigungsmittel als nicht durchgreifend erkannt werden sollte".

3. Im Entwurf der hannoverischen Kommission (vom Jahre 1850) ist im Anschluß an das gemeine Recht, das für den Betrag eine gesonderte „Liquidationsinstanz" kannte, auf eine Trennung der beiden Streitgebiete in der Art abgezielt, daß der Streit nicht bloß wie im heutigen Rechte in zwei gesonderten Prozeßhälften, sondern in zwei selbständigen Prozessen abgewickelt werden sollte. § 254 zweiter Lesung (= § 251 erster Lesung) bestimmt dort:

„Das Gericht kann in einem Urteile, welches die Verpflichtung zum Schadensersatz ausspricht, auch von Amts wegen bestimmen, daß die Festsetzung des Schadensersatzes in einem besonderen Verfahren erfolge".

4. Erheblich näher als diese Bestimmung kommt dem gegenwärtigen Rechtszustand § 423 des Norddeutschen Entwurfs (vom Jahre 1870), welcher lautet:

„Ist ein Anspruch seinem Grunde und seinem Betrage nach streitig, so kann das Gericht, wenn es den Anspruch für begründet erachtet, die Entscheidung hierauf beschränken und in dem Urteil anordnen, daß bis zur Rechtskraft desselben das Verfahren über den Betrag des Anspruchs auszusetzen sei".

5. In dem im Kgl. preußischen Justizministerium bearbeiteten Entwurf einer deutschen Zivilprozeßordnung, dem sog. Ersten Entwurf (vom Jahre 1871) ist in § 250 normiert:

„Ist ein Anspruch nach seinem Grund und seinem Betrage nach streitig, so kann das Gericht, wenn es den Anspruch für begründet erachtet, hierüber vorab entscheiden. Das Urteil ist in Betreff der Rechtsmittel als Endurteil anzusehen".

6. In seiner letzten Entwicklungsphase, in dem Entwurf der auf Grund des Bundesratsbeschlusses vom 8. Mai 1871 zusammengetretenen Kommission, dem sog. Dritten Entwurf hatte unser jetziger § 304 endlich folgende Fassung angenommen:

„Ist ein Anspruch nach Grund und Betrag streitig, so kann das Gericht über den Grund vorab entscheiden.

Das Urteil ist in Betreff der Rechtsmittel als Endurteil anzusehen; das Gericht kann jedoch auf Antrag anordnen, daß über den Betrag zu verhandeln sei".

Der im Ersten Entwurf enthaltende Zusatz „wenn es den Anspruch für begründet erachtet" ist zur Vereinfachung des Textes als selbstverständlich weggelassen worden (s. Mot. S. 218 = Hahn, Mat. II S. 284 f.).

Von der Reichstagskommission zur Beratung der ZPO. wurde dieser Passus in das Gesetz wieder aufgenommen, aber nicht mehr an der früheren Stelle, sondern im zweiten Absatz hinter dem Worte „jedoch" eingeschaltet[1]). Hierdurch sollte die

1) Gaupp-Stein, § 304 N. 17, erblickt hierin ein Redaktionsversehen.

im Hinblick auf die bisherige Praxis (s. oben Ziff. 1) mögliche Auslegung, daß das Gericht nach Verneinung des Anspruchgrundes gleichwohl auf die eventuelle Entscheidung über den Betrag übergehen könne oder müsse, ausdrücklich ausgeschlossen werden (s. Hahn, Mat. II 600 f.).

In der durch diese Änderung bedingten Fassung ist § 266 des Entwurfs als § 276 der ZPO. Gesetz geworden. Sein Inhalt ist seit dem Inkrafttreten der ZPO. unverändert geblieben. Eine Änderung hat sich lediglich in der Bezifferung des Paragraphen auf Grund des Gesetzes vom 17. Mai 1898, betr. die Ermächtigung des Reichskanzlers zur Bekanntmachung der Texte verschiedener Reichsgesetze, § 1, ergeben: § 276 ist dadurch zu § 304 geworden. —

Der Zweck, der durch die in § 304 normierte Zerlegung des Streitstoffes erreicht werden soll, ist der, das Verfahren zu vereinfachen, um hierdurch unnütze Prozeßkosten zu vermeiden. Die Begründung des Entwurfs der ZPO. besagt hierüber zu § 266:

„Im übrigen ist einleuchtend, daß durch die Vorschriften des § 266 das Verfahren in zweckmäßiger Weise vereinfacht wird, und weitläufige, kostspielige, vielfach unnütze Liquidationen vermieden werden können" (Mot. S. 218).

Weniger die bereits anderweit, namentlich durch § 143 und § 303 ermöglichte Vereinfachung der Verhandlung und die Erleichterung der Urteilsaufgabe[2]) soll durch § 304 erreicht werden, als vielmehr die Hintanhaltung einer Vergeudung von Zeit, Geld und Mühe[3]). In Prozessen, in denen über einen nach Grund und Betrag streitigen Anspruch zu entscheiden ist, ist das den Grund betreffende Tatsachenmaterial vielfach nur von geringem Umfang; desto umfangreicher ist es dagegen meist, soweit es auf den Betrag des Anspruchs Bezug hat. Nach allgemeiner Regel müßte der Erstrichter, der den Anspruchsgrund bejaht, den Streitstoff erst seinem ganzen Umfang nach erledigen, ehe

2) So Weismann, Lehrb. 1, 223.

3) Vgl. hierzu die treffliche Darlegung in RGE. 21, 386.

über die vielleicht sehr zweifelhafte Frage des Grundes eine Entscheidung der Oberinstanz herbeigeführt werden könnte. Wenn diese dann den Grund verneint, sohin die Klage abweist, war die langwierige und kostspielige Verhandlung der ersten Instanz über den Betrag des Anspruchs völlig unnütz. Für solche Fälle ist dem Gericht durch § 304 die Möglichkeit eingeräumt, zunächst eine selbständig anfechtbare, gesonderter Rechtskraft fähige Entscheidung über den Grund des Anspruchs zu erlassen, welche für das nachfolgende Verfahren über den Betrag eine sichere Grundlage bietet.

Unter welchen Voraussetzungen das Gericht eine Vorabentscheidung dieser Art erlassen kann oder erlassen muß, wie es dabei zu verfahren hat, welche Wirkungen der Vorabentscheidung zukommen und wie es sich mit dem Nachverfahren verhält, soll nunmehr untersucht werden.

A. Die Voraussetzungen der Vorabentscheidung.

I. Die erste, unmittelbar aus dem Wortlaut des Gesetzes zu entnehmende Voraussetzung für den Erlaß einer Vorabentscheidung nach § 304 ist, daß sich der Rechtsstreit auf einen nach Grund und Betrag streitigen Anspruch bezieht.

Für die Frage, was unter „Anspruch" zu verstehen ist, ist nicht § 194 BGB. maßgebend[4]), sondern die ZPO. selbst, in der dieser Begriff allerdings nicht nur nicht definiert, sondern sogar in wechselndem Sinn gebraucht ist[5]). Der Begriff „Anspruch" wird daher im weitesten Sinne zu nehmen sein und jedes materielle, dem Zivilprozeßweg überhaupt zugängliche Recht umfassen[6]).

---

4) A. M. Gaupp-Stein, § 304 I 1. — Vgl. Mot. z. BGB. I S. 291.

5) S. Simonson, Gruch. 46, 103; Hellwig, Anspruch und Klagerecht (1900) S. 153 ff.; Wach, Handbuch S. 296; Mayer, Anspruch und Rechtskraft S. 1 ff.

6) Schmidt B., Gruch. 47, 590.

Der Kreis dieser Rechte wird dadurch näher begrenzt, daß im Gesetz von einem Betrag des Anspruchs die Rede ist. Der Anspruch muß also auf eine quantitativ bestimmte Leistung gerichtet sein[7]); denn nur bei ihr kann neben dem Grund auch von einem Betrag gesprochen werden. Die Leistung kann persönlicher oder dinglicher Natur sein[8]); sie kann aus einem vermögensrechtlichen, aber auch aus einem andersgearteten Rechtsverhältnis entsprungen sein. Regelmäßig wird der Anspruch auf Geld oder andere vertretbare Sachen gehen; er kann aber außer der Sachleistung auch auf andere vertretbare Leistungen überhaupt, z. B. auf Arbeit gerichtet sein[9]). Ist auf Wahlleistung geklagt oder ist der ursprüngliche Klagsgegenstand nachträglich gemäß § 268 Ziff. 3 ersetzt worden, so genügt für die Anwendbarkeit des § 304, daß eine der Wahlleistungen, bezw. daß die Ersatzleistung quantitativ bestimmt ist[10]).

Hiernach ist § 304 anwendbar, wenn (nach Grund und Betrag) gestritten wird über

Schadensersatzansprüche[11]),
Versicherungsentschädigungen[12]),
Ansprüche wegen ungerechtfertigter Bereicherung[13]),
Unterhaltsansprüche,
Aussteueransprüche,
Teilung eines Reingewinns,
Beitragspflicht bei Sozietäten verschiedenster Art (z. B. eines Gesellschafters, eines Vereinsmitglieds, eines Ge-

---

7) RG. JW. 1900, 470 (5); vgl. aber auch RG. Recht 1909 (1347) und (2013).

8) Gaupp-Stein, § 304 I 1.

9) RGE. 60, 368; 73, 428.

10) Schmidt B. a. a. O. S. 600, 602.

11) Bei Schadensersatzansprüchen ist zu beachten, daß es — abgesehen von den Fällen des § 256 ZPO. — unzulässig ist, über den Ersatzgrund durch Endurteil eine Feststellung zu treffen und wegen der Höhe des Schadens auf einen neuen Prozeß zu verweisen. RG. JW. 1898, 219 (8).

12) RGE. 5, 376.

13) RGE. 73, 65.

nossen ꝛc., namentlich für die Zeit nach ihrem Ausscheiden)[14]),
Beitragspflicht zur Havereivergütung,
Enteignungsansprüche[15]),
Erbschaftsansprüche[14]) usw.
Lediglich auf Schadensprozesse ist die Anwendbarkeit des § 304 keineswegs beschränkt[16]).

Nicht anwendbar ist § 304 auf Prozesse, in welchen die Herausgabe oder Rückgewähr konkreter Sachen, z. B. der zu einem Nachlaß gehörigen Sachen[17]) oder des durch Gläubigerbenachteiligung Erlangten[18]) verlangt wird, in welchen es sich also um einen Individualanspruch handelt. Weitere Fälle finden sich: RGE. 31, 362; 60, 368; JW. 1904, 296 (22) (Auflassung)[19]); JW. 1898, 167 (39) (Deckungskauf); JW. 1900, 470 (5) (Wiederverschaffung des durch einen Bergbau entzogenen Wassers).

Für die Anwendbarkeit des § 304 wird weiter erfordert, daß sich der Streit sowohl auf den Grund wie auf den Betrag des Anspruchs erstrecke. Was das Gesetz unter „Grund des Anspruchs" verstanden wissen will, ist unten[20]) an einer geeigneteren Stelle erörtert. Hier genügt es, hervorzuheben, daß § 304 nicht anzuwenden ist, wenn entweder nur der Grund, nicht aber auch der Betrag[21]) oder umgekehrt nur der Betrag, nicht aber auch der Grund des Anspruchs bestritten wird. Letzteres ist gewöhnlich bei Ausfalldeckungsprozessen der Fall, in denen in erster Linie um die Quote (den Bruchteil, den %=

---

14) Mot. S. 219.

15) RGE. 74, 287.

16) Unrichtig Kohler, Grundriß S. 84, der davon spricht, daß ein selbständig anfechtbares Zwischenurteil (abgesehen von der Entscheidung über prozeßhindernde Einreden) „nur in Schadensprozessen bei Vorabentscheidung über den Grund" erlassen werden könne.

17) RGE. 60, 366.

18) RG. Gruchot 51, 194; RGE. 73, 428. — S. Anfechtungsgesetz § 7.

19) Vgl. aber auch RGE. 54, 341.

20) S. S. 12 ff.

21) RGE. 56, 187; 58, 232; 61, 55.

Satz) der Deckungspflicht und in zweiter Linie um die Höhe der Schadenssumme gestritten wird. Beide Streitpunkte berühren den Betrag und die Frage des Grundes besteht nur darin, ob überhaupt ein ausgleichpflichtiges Verhältnis besteht[22]). — Ohne Belang ist es, ob die Angabe des Betrags zulässiger oder unzulässiger Weise unterblieben ist; denn auch im ersteren Falle (§§ 254, 256 ZPO.) ist die Anwendbarkeit des § 304 durch die Natur der Sache ausgeschlossen[23]). — Daß nicht eine Vorabentscheidung nach § 304 möglich ist, wenn der Grund des Anspruchs gar nicht bestritten wird, ist klar; schwierig ist nur vielfach die Frage, ob der Streit im konkreten Falle bloß den Betrag und nicht auch den Grund des Anspruchs betrifft[24]).

II. Daraus, daß das Gesetz von einem streitigen Anspruch redet, über den durch Urteil entschieden werden soll, ergibt sich, daß der Anspruch klageweise geltend gemacht sein muß.

Die Geltendmachung kann hiernach erfolgen
durch die gewöhnliche Klage,
durch Widerklage und
durch Inzidentfeststellungsklage (§ 280).

Die Klage oder Widerklage kann eine Leistungsklage oder eine bloße Feststellungsklage sein. Letzteres wurde anfänglich bestritten[25]), aber zweifellos mit Unrecht; denn die Anwendung des § 304 auf die Feststellungsklage ist weder durch ausdrückliche Gesetzesbestimmung noch durch die Natur dieser Klage ausgeschlossen. Auch bei Feststellungsklagen kann ja ein Anspruch nach Grund und Betrag streitig sein[26]) und es ist nicht einzusehen, warum es nicht möglich sein soll, daß das Gericht zuerst den Anspruch dem Grunde nach für gerechtfertigt erklärt und ihn sodann nach Ermittelung seines Betrags durch End-

---

22) RGE. 8, 362 f.

23) So RGE. 56, 119 f.; Gaupp-Stein zu § 304 N. I 1; Seuffert, § 254 N. 4 d.

24) S. unten S. 22 ff.

25) So Wilmowski-Levy, 2. Aufl. 1881, § 276 N. 1.

26) Vgl. hierzu die treffliche Darlegung in RGE. 8, 362.

urteil auch seinem Umfang nach feststellt. Daß § 304 dann nicht angewendet werden kann, wenn nur auf Feststellung der Verbindlichkeit zum Schadensersatz geklagt ist, ohne daß ein Betrag benannt wird, wurde bereits oben bemerkt.

Wird eine Gegenforderung zunächst zur Aufrechnung verwendet und für den überschießenden Betrag Widerklage erhoben, so ist eine Vorabentscheidung über den überschießenden Betrag zwar zulässig, aber nicht zweckmäßig, weil daraus zahlreiche Verwickelungen und Schwierigkeiten erwachsen können[27]). In diesem Falle ist der Grund des in der Widerklage erhobenen Anspruchs erst dann erledigt und für eine Vorabentscheidung reif, wenn das Vorhandensein eines überschießenden Betrags festgestellt ist[28]).

Dagegen kann eine Vorabentscheidung nach § 304 nicht erlassen werden, wenn und soweit ein Anspruch nur einredeweise geltend gemacht ist[29]). Denn hier wird er ja nur verteidigungshalber geltend gemacht und der Anspruch wird zwar ins Feld geführt, damit er bei Erlaß des Urteils berücksichtigt werde, allein Gegenstand dieses Urteils ist niemals der einredeweise, sondern lediglich der klagweise geltend gemachte Anspruch. — Über einen einredeweise geltend gemachten Anspruch kann sonach nur nach § 303 entschieden werden, wobei zu beachten ist, daß § 303 die Trennung von Grund und Betrag nicht verträgt, daß also der Einredeanspruch nach Grund und

27) Seuffert, § 304 N. 2, Gaupp-Stein, § 304 N. I 1, WilmLevy, § 276 N. 2, Petersen, § 304 N. 2, Barkhausen, ZtschZPr. 17, 141 f., Simonson, Gruchot 46, 105 ff.

A. M.: OLG. Hamburg, ZtschZPr. 17, 139 (weil der Teil der Gegenforderung, den die Vorabentscheidung betreffen soll, nicht objektiv bestimmt sei).

28) RGE. 47, 416. Vgl. auch RGE. 8, 360; JW. 1896, 32 (9); JW. 1898, 387 (9).

29) RGE. 6, 421; 12, 362; 60, 368; RG. JW. 1904, 296 (22); BayerOLGE. (a. F.) 12, 578; SA. 50 N. 209.

Ebenso: Seuffert, § 304 N. 2, Gaupp-Stein, § 304 N. I 1, Petersen, § 304 N. 2, WilmLevy, § 276 N. 1, SchmidtB., a. a. O. S. 597.

A. M. Endemann II 105.

Betrag festgestellt werden muß. Eine Entscheidung lediglich über den Grund des Einredeanspruchs ist auch nach § 303 unzulässig.

Dies gilt auch von der Aufrechnungseinrede[30]). Sie nimmt zwar nach § 322 ZPO. in gewissem Umfang eine besondere Stellung anderen Einreden gegenüber ein. Allein aus dieser Ausnahmestellung hinsichtlich der Rechtskraft läßt sich nicht der Schluß ziehen, daß auch hinsichtlich des in § 304 geregelten Verfahrens für die Aufrechnungseinrede eine Besonderheit gelten solle. Zudem könnte § 322 höchstens dafür als Argument herangezogen werden, daß über einen im Wege der Aufrechnung geltend gemachten, vom Erstrichter aber verneinten Anspruch eine Vorabentscheidung nach § 538 Ziff. 3 (vom Berufungsgericht) zu erlassen sei; denn nur in diesem Falle kann ja eine rechtskräftige Entscheidung über den Aufrechnungsanspruch in Frage kommen. Doch bietet § 322 auch insoweit keinen Anhaltspunkt; denn die durch die Novelle von 1898 an § 293 II (jetzt § 322 II) ZPO. vorgenommene Änderung widerlegt m. E. deutlich die Behauptung, die Schollmeyer S. 10 (§ 2 am Anf.) unter Geltung des alten Rechts aufgestellt hat: „daß da, wo eine der Rechtskraft fähige Entscheidung gefällt wird, auch Rechtshängigkeit vorausgegangen sein muß“ und „daß das, was nicht rechtskräftig entschieden wird, auch nicht rechtshängig werden kann.“ Aus dem gleichen Grund ist eine Vorabentscheidung auch dann nicht zulässig, wenn über den Aufrechnungsanspruch gemäß § 302 getrennt verhandelt und entschieden wird; der Aufrechnungseinrede wird dadurch ihr Charakter als bloßes Verteidigungsmittel nicht genommen[31]).

30) RGE. 6, 422, RG. JW. 1897, 323 (6), JW. 1898, 503 (9), 1904, 296 (22).

Ebenso: Seuffert § 304 N. 2, Gaupp-Stein, § 304 N. I 1, Struckmann-Koch, § 304 N. 1, Hellmann, Lehrb. S. 315, Weismann, Lehrb. S. 1, 221.

A. M. Endemann II 105.

31) RGE. 6, 423; 49, 338.

Schollmeyer hält die Vorabentscheidung über den Aufrechnungsanspruch im allgemeinen für unzulässig und nur für den Fall zu-

Um sich die Prüfung des Anspruchgrundes zu erleichtern, **kann** das Gericht die Verhandlung zunächst nach § 146 beschränken und anordnen, daß nur solche Angriffs- und Verteidigungsmittel vorgebracht werden dürfen, die sich auf den Grund des Anspruchs beziehen[32]. Eine notwendige Voraussetzung für den Erlaß der Vorabentscheidung bildet die Verhandlungsbeschränkung indes nicht[33]. (Anders verhält es sich im parallelen Fall des § 275 ZPO.) Ebensowenig ist notwendig, daß das Gericht erst **beschließt**, eine auf den Grund des Anspruchs beschränkte Entscheidung zu erlassen[34], und so den Erlaß der Vorabentscheidung gewissermaßen vorbereitet oder ankündigt.

Ob das Gericht eine Vorabentscheidung über den Grund erlassen will, ist völlig seinem nicht nachprüfbaren **Ermessen**[35] anheimgestellt; es hat dabei lediglich auf die gesetzlichen Voraussetzungen, nicht aber auf den Willen einer Partei Rücksicht zu nehmen. Das Gericht wird in den gesetzlich zulässigen Fällen selbstverständlich auf den praktischen Wert der Vorabentscheidung achten; denn der Erlaß einer Vorabentscheidung hat dann keinen Zweck, wenn für den Grund die gleichen Tatbestandsmomente in Betracht kommen wie für den Betrag, wenn also der überwiegende Teil des Streitstoffs bereits für die Vorabentscheidung geprüft werden müßte[36]. — Hält das Gericht § 304 für anwendbar, so kann es aus eigener Initiative über den Grund vorabentscheiden, es braucht nicht etwa einen Parteiantrag abzuwarten[37]; denn der Erlaß der Vorabentscheidung ist **Offi-**

---

lässig, daß über die Klageforderung bereits durch **Teilurteil** gemäß § 274 (a. F.! — jetzt: **Vorbehaltsurteil** gemäß § 302) erkannt ist. — A. a. O. S. 112 f., 176.

32) **Seuffert**, § 304 N. 2, **Gaupp-Stein**, § 304 N. I 2, **Wilm Levy**, § 276 N. 1, **Weismann**, Lehrb. 1, 222.

Zu anderem Ergebnis muß **Kleinfeller**, Krit. Vierteljahrsschrift 45, 46 kommen.

33) RGE. 8, 361 ff.; 10, 427; **Petersen**, § 304 N. 3.

34) RGE. 8, 361; 10, 429; **Struckm K.**, § 304 N. 1; **Wilm-Levy**, § 276 N. 1.

35) RGE. 61, 413; JW. 1896, 32 (9).

36) RG. JW. 1900, 411 (4).

37) **Seuffert**, § 304 N. 2; **Gaupp-Stein**, § 304 N. II.

zialtätigkeit. Anderseits ist das Gericht trotz gesetzlicher Möglichkeit einer Vorabentscheidung zu deren Erlaß niemals verpflichtet[38]), selbst dann nicht, wenn es von einer der Parteien oder von beiden beantragt wird. Denn § 304 verleiht nicht den Parteien ein prozessuales Recht, sondern schafft lediglich für das Gericht eine auf die zweckmäßigste Erledigung des Prozesses gerichtete Befugnis. Der Antrag einer Partei auf Erlaß einer Vorabentscheidung ist sonach nur Anregung zu einer Offizialtätigkeit. Er kann deshalb vom Gericht stillschweigend übergangen werden und bedarf nicht der ausdrücklichen Erledigung durch Beschluß[39]). Sofern die Erledigung beschlußmäßig erfolgt, ist ein Rechtsmittel gegen den Beschluß unzulässig (§ 567 I ZPO.)[40]). — Wie überall ist auch hier gerichtliches Ermessen nicht gleichbedeutend mit gerichtlicher Willkür. Es wird vielmehr vom Richter erwartet, „daß er im Interesse einer ordnungsmäßigen Prozeßleitung von der gegebenen Befugnis — dem Zwecke des Gesetzes gemäß — in jedem Falle Gebrauch machen wird, in welchem durch gleichzeitige Verhandlung über den Grund und Betrag irgendwelche Unzuträglichkeiten zu besorgen sind"[41]). Der Nachprüfung der Oberinstanz obliegt indes immer nur die Frage, ob der Erlaß einer Vorabentscheidung zulässig war, niemals aber die Frage, ob er zweckmäßig war, bezw. wenn er nicht erfolgt ist, ob er zweckmäßig gewesen wäre.

III. Wenn der Grund des Anspruchs durch Vorabentscheidung also urteilsmäßig erledigt werden soll, so ist die ganz selbstverständliche Voraussetzung, daß die Frage des Grundes auch zur Entscheidung reif ist. Hier ist zu prüfen, was man unter „Grund des Anspruchs" zu verstehen hat.

---

38) Wenigstens soweit für das Gericht nur § 304 in Frage kommt. Anders liegt die Sache in der Oberinstanz, für welche § 538 Ziff. 3 zu beachten ist; s. S. 73!

39) Petersen, § 304 N. 3. — Vgl. den analogen Fall des § 102 ZPO., Seuffert, § 102 N. 5.

40) OLG. Kiel, SA. 61 N. 163.

41) RGE. 21, 385.

Das Reichsgericht sagt[42]), es müsse soviel erledigt sein, daß nach Erlaß der Vorabentscheidung nur noch der Betrag streitig bleibt[43]). Mit dieser negativen, schon bei bloßer Lektüre des § 304 zu gewinnenden (übrigens gar nicht einmal ganz richtigen) Erkenntnis ist ebensowenig gewonnen wie mit der Bemerkung des Bayer. Obersten Landesgerichts, daß bei Beschränkung der Verhandlung auf Grund (!) des Anspruchs der letztere nach allen Seiten hin, also nach Klagbegründung und entgegenstehenden Einreden auf seinen Bestand geprüft werden müsse[44]), und mit der weiteren Bemerkung, daß zu den den Anspruch begründenden Tatsachen auch die Feststellung gehört, daß und inwiefern ein Schaden entstanden ist[45]).

M. E. muß davon ausgegangen werden,

1. daß nach § 304 der Anspruch für begründet erklärt werden soll,

2. daß der Grund vom Betrag des Anspruchs geschieden ist,

3. daß durch die Anwendung des § 304 das Endurteil zerlegt und die Entscheidung über den Grund, die normalerweise erst im Endurteil erfolgen würde, antizipiert wird[46]).

Hiernach setzt die Vorabentscheidung nicht nur voraus, daß der Anspruch irgend einmal entstanden ist, sondern auch, daß er zurzeit noch besteht. „Grund des Anspruchs" im Sinne des § 304 ist also nicht gleichbedeutend mit „Entstehungsgrund des Anspruchs"[47]); vielmehr wird auch das Fortbestehen des Anspruchs davon mitumfaßt. Der „Grund des Anspruchs" ist somit nicht nur dann streitig, wenn die Klagetatsachen verneint werden, sondern auch dann, wenn diese zwar zugegeben, dem Anspruch aber zugleich eine den an und für sich entstandenen Anspruch

---

42) RGE. 6, 431 und 31, 362.

43) Ebenso Haas, Gruch. 34, 337, wonach zum Grund des Anspruchs alle streitigen Punkte gehören, welche nicht den Betrag betreffen. Diese Ansicht ist nicht richtig. Vgl. unten S. 28 ff.!

44) E. (a. F.) 16, 503.

45) E. (n. F.) 9, 25.

46) RGE. 15, 350.

47) Weismann, Lehrb. 1, 221.

aufhebende Einrede entgegengesetzt wird[48]). Der Richter muß den Anspruch bei Erlaß der Vorabentscheidung in derselben Weise prüfen, wie wenn er dem Kläger im Endurteil den Anspruch zubilligen und sein derzeitiges Bestehen begründen wollte; nur ein (allerdings sehr wichtiger und in der Praxis vielfach, in manchen Punkten stets nichtbeachteter) Unterschied besteht hier zwischen Vorabentscheidung und Endurteil: während für letzteres der Klagsanspruch nur insoweit als begründet erscheint als sein Betrag reicht, hat bei der Vorabentscheidung nach § 304 die Entscheidung über die Frage des Grundes gesondert von der über die Betragsfrage zu ergehen. Hieraus ergibt sich, wie dies in der Literatur auch an einigen Stellen angedeutet ist[49]), daß der Terminus „Grund" in § 304 teils enger, teils weiter ist, als der Begriff „Klagegrund". Enger ist er, insofern die Frage des Betrages, welche mit zu der Klagebegründung gehört, hier ausscheidet. Weiter ist er, weil nicht nur das Entstehen des Anspruchs, sondern auch sein Fortbestehen geprüft werden muß, wogegen der Kläger in der Klageschrift regelmäßig nur das Entstehen des Anspruchs zur Begründung desselben darzutun braucht.

Aus dem Gesagten ergibt sich, daß bei der Vorabentscheidung nur zu prüfen ist, ob auf Grund des erwiesenen Tatbestands ein Anspruch der geltend gemachten Art entstanden und noch vorhanden ist, nicht aber — wenn ein Anspruch als bestehend erachtet wird — welchen Umfang er hat[50]). Zu prüfen ist also z. B. nur die Frage, ob zurzeit die festgestellten Tatsachen überhaupt ein schadensersatzpflichtiges Verhältnis begründen, nicht aber, wie groß der Schaden ist. Das Argument, daß ein Anspruch nur insoweit begründet sein könne, als ein Betrag bestehe, wäre hier gänzlich unangebracht, weil es, wie oben gezeigt, die besondere Natur der Vorabentscheidung unberücksichtigt ließe.

---

48) RG. SA. 46 N. 227.

49) Bei Schmidt, Lehrb. S. 732; Meyer, ZtschZPr. 16, 535; Schmidt B., a. a. O. 603, 626.

50) Zu prüfen ist das „an" im Gegensatz zum „quantum". (Ungenau: das „quid" im Gegensatz zum „quantum".)

Somit müssen beim Erlaß der Vorabentscheidung alle diejenigen Angriffsmittel, d. i. die tatsächlichen Behauptungen erledigt sein, auf welche die gegenwärtige Existenz des Anspruchs gestützt wird. Anderseits müssen auch alle diejenigen Verteidigungsmittel abgetan sein, welche das Bestehen des Anspruchs in seinem vollen Umfang verneinen. Dagegen bedarf es für alle diejenigen Einreden einstweilen keiner Erledigung, welche ihrer Natur oder ihrem Umfang nach nicht geeignet sind, das Bestehen des Anspruchs seinem vollen Umfang nach zu bestreiten; denn da sie den Anspruch wenigstens teilweise bestehen lassen, so stellen sie nicht das in Abrede, was wir als den „Grund des Anspruchs" kennengelernt haben, nämlich die Tatsache, daß ein Anspruch der geltend gemachten Art, gleichviel wie groß, entstanden sei; sie betreffen also nur den Anspruchsbetrag.

Damit, daß für den Erlaß der Vorabentscheidung der Umfang des Betrages nicht in Frage kommt, ist nicht gesagt, daß auch das Bestehen oder Nichtbestehen eines Betrags für ihren Erlaß völlig gleichgültig ist. In dieser Hinsicht herrschen allerdings die verschiedensten Meinungen. Nach der einen genügt es, wenn nur nicht beim Erlaß der Vorabentscheidung bereits feststeht, daß ein Betrag überhaupt nicht entstanden ist; es wird also lediglich die Möglichkeit eines Betrags erfordert[51]). Eine zweite Meinung hält es für genügend, wenn das Bestehen eines Betrags mit Wahrscheinlichkeit angenommen werden könne[52]). — Eine dritte Meinung geht dahin, es müsse soviel feststehen, daß nach dem gewöhnlichen Lauf der Dinge das Bestehen eines Betrags anzunehmen sei[53]). —

51) RG. Gruchot 45, 1118 und die dort zitierten Urteile; Bayer. OLGE. (n. F.) 6, 631. Wilm Levy, § 276 N. 2, Reincke, § 304 N. II a, Heilfron-Pick, Lehrb. I 727; anscheinend auch Gaupp-Stein § 304 N. I 2.

52) RGE. 61, 409; 73, 104. Anscheinend auch SkonG. § 304 N. 4 B.

53) RG. JW. 1897, 107 (9); SA. 52 N. 265; RGE. 12, 353. — Petersen, § 304 N. 2, Neukamp, § 304 N. 4b, Sydow B., § 304 N. 4, Marwitz, Urteil S. 49, Schmidt B., a. a. O. S. 788 f., Schneider, ZtschRpfl. 4, 33.

Eine vierte Meinung endlich verlangt, wenigstens bezüglich der Schadensersatzklagen (was aber auch für alle andern Klagen gelten muß), daß der Grund des Anspruchs nur dann festgestellt werden dürfe, wenn über das Bestehen eines Betrags Gewißheit herrsche[54]).

Von diesen Anschauungen dürfte die erste, mildeste wohl die richtige sein. Die zweite und dritte Ansicht ist wegen ihrer Halbheit mangelhaft, die vierte Ansicht ist zu streng und darum unzweckmäßig. Warum man nur eine größere oder geringe Wahrscheinlichkeit des Betrags verlangen soll, ist nicht einzusehen. Das Gesetz kennt zwar Fälle, in denen es eine bloße Wahrscheinlichkeit („Glaubhaftmachung") für bestimmte Zwecke genügen läßt; um einen derartigen Ausnahmefall handelt es sich hier aber nicht. Hätte das Gesetz einen minder strengen Beweis (sofern es ihn überhaupt für notwendig hielt) zulassen wollen, so müßte das ausdrücklich gesagt sein. Einen vollen Beweis für die Existenz eines Betrags zu verlangen widerspricht aber deswegen dem Sinn und Zweck des Gesetzes, weil dadurch eine Trennung von Grund und Betrag unmöglich gemacht und der Zweck des § 304 gerade in den verworrensten und bestrittensten Fällen, in denen eine Vorabentscheidung am dringendsten notwendig ist, vereitelt würde. Man denke sich als Beispiel folgenden Fall: A. verklagt den B. auf Teilung des Reingewinns aus einem ausgedehnten, mehrjährigen Geschäftsbetrieb. B. bestreitet seine Zahlungspflicht mit der Behauptung, daß er zur Teilung überhaupt nicht verpflichtet sei, und hält der Klage weiterhin entgegen, daß die den Kläger etwa treffende Gewinnquote nur ganz gering, möglicherweise sogar = 0 sei. — Gewiß

54) RGE. 34, 31, Gruch. 35, 945, 42, 1192; BayerOLGE. (n. F.) 9, 25 (zusammengeworfen mit der Aktivlegitimation). — Petersen, § 304 N. 2, Förster, § 304 N. 2, Struckm K., § 304 N. 1, welcher gar verlangt, daß sich aus den festgestellten Tatsachen das Vorhandensein eines Anspruchs mit Notwendigkeit (!) ergeben müsse, daneben aber auch noch eine zweite Ansicht („gewöhnlicher Lauf der Dinge") vertritt; Haas, Gruchot 34, 339; Simonson, Gruchot 46, 100; Eickhoff, Gruchot 51, 116, aus Zweckmäßigkeitsrücksichten, denen mindestens ebensogute Zweckmäßigkeitsgegengründe entgegengestellt werden können.

ist dies ein Fall, in dem der Erlaß einer Vorabentscheidung über die Teilungspflicht dringendes Bedürfnis ist, ehe an die langwierige, kostspielige Feststellung des Gewinnergebnisses herangetreten wird. Aber § 304 wird unanwendbar, wenn A. vor Erlaß der Vorabentscheidung erst beweisen muß, daß ein Betrag, d. i. ein Reingewinn überhaupt besteht[55]). Man darf nicht übersehen, daß in der Praxis regelmäßig, namentlich in Anwaltsprozessen das gegnerische Vorbringen „vorsorglich" von A—Z bestritten wird, so daß der Kläger im allgemeinen nur sehr wenig darauf rechnen kann, der Beklagte werde das Bestehen eines Betrags wenigstens teilweise zugeben. — Gesetzt, das Gericht habe eine Vorabentscheidung in einem Falle erlassen, in dem sich später der Betrag = 0 erweist, was liegt viel daran? Es hat dann lediglich einen Streitpunkt, über den es sich vor Prüfung der Betragsfrage ohnehin hätte klar werden müssen, urteilsmäßig festgestellt. Der durch eine Berufung etwa entstehende Nachteil einer Prozeßverzögerung wird durch das Vorhandensein einer sicheren Grundlage zehnfach aufgewogen. Nicht so harmlos in ihren Konsequenzen ist dagegen die vierte der oben vorgetragenen Meinungen. Denn bei ihr liegt es sehr nahe, daß infolge der Nichtanwendung des § 304 einer Partei Hunderte von Kosten entstehen, die ihr bei zweckmäßiger Prozeßleitung erspart geblieben wären. Übrigens ist auch hier die Gefahr einer Prozeßverschleppung nicht ausgeschlossen; denn wenn die Oberinstanz den Grund des Anspruchs verneint, was war dann die erstinstanzielle Verhandlung über den Betrag anderes als eine unnütze Verzögerung?

Man wird also wohl daran festhalten müssen, daß die Frage, ob ein Betrag besteht oder nicht, bei Erlaß der Vorabentscheidung einer besonderen Prüfung nicht bedarf, daß vielmehr die tatsächliche Annahme, es sei ein Schaden überhaupt entstanden, sofern sie nicht bereits widerlegt ist, eine selbstverständliche, stillschweigende Voraussetzung für den Erlaß der Vorabentscheidung

---

55) Der bekämpften Meinung ist eigentümlicher Weise Schneider ZtschRpfl. 4, 33, der konsequent zu dem Schluß kommt, daß für solche Fälle § 304 praktisch unanwendbar sei.

bildet[56]). Hingegen kommt die größere oder geringere Wahrscheinlichkeit der Existenz eines Betrags lediglich in Betracht für die Frage, ob der Erlaß einer Vorabentscheidung zweckmäßig ist[57]). Nur dann, wenn vom Gesetz selbst für das Entstehen eines Schadensersatzanspruchs ein bestimmtes Maß von Schaden verlangt wird (z. B. wesentliche Beeinträchtigung durch Immission, § 906 BGB.; erhebliche Beeinträchtigung durch Schmälerung des Sonnenlichts, Art. 72 BayerAGzBGB.), muß der Umfang des Schadens bereits bei Feststellung des Grundes geprüft werden; in solchen Fällen ist der Erlaß einer Vorabentscheidung regelmäßig zwecklos[58]). Daß nach Feststellung des Nichtbestehens eines Betrags eine Vorabentscheidung nicht mehr erlassen werden darf, folgt daraus, daß mit dieser Feststellung der Prozeß seinem ganzen Umfang nach, nicht bloß bezüglich des Grundes, entscheidungsreif geworden ist. Näheres hierüber siehe unten S. 33 f.!

Aus dem Erfordernis vollständiger Entscheidungsreife ergibt sich, daß — abgesehen von der Zerlegung in Grund und Betrag — eine Teilung des Klaganspruchs seinem Tatbestande nach bei Anwendung des § 304 unzulässig ist. Es darf daher, wenn der den Grund betreffende Streitstoff erst teilweise entscheidungsreif ist, eine Vorabentscheidung nicht in der Weise erlassen werden, daß die Entscheidung über die bei ihrem Erlaß noch unerledigten Streitpunkte einer späteren Entscheidung, etwa dem Endurteil vorbehalten wird[59]). — Eine Ausnahme macht nur die Aufrechnungseinrede. Wie sie (auch wenn sie den Anspruchsgrund betrifft) im Endurteil dadurch erledigt werden kann, daß sie einem Urteil nach § 302 zur nachträglichen Erledigung vorbehalten wird, so kann sie auch in der Vorabentscheidung, die ja nur ein antizipierter Teil des Endurteils ist, in der Weise des § 302 erledigt werden[60]). Dies kann nament-

56) RGE. 59, 428.
57) S. unten S. 93 f.!
58) RG. JW. 1900, 411 (4).
59) RGE. 5, 411; 16, 386.
60) Seuffert, § 304 N. 2.

lich in den Fällen, in denen es zweifelhaft ist, ob die Aufrechnungseinrede die Frage des Grundes betrifft[61]), von weittragender praktischer Bedeutung sein. Unzulässig ist selbstverständlich die Erledigung einer den Anspruchsgrund betreffenden Aufrechnungseinrede in der Weise, daß sie statt einem gesonderten Verfahren nach § 302, dem Nachverfahren über den Betrag des Anspruchs vorbehalten wird.

Eine Zurückweisung von Verteidigungsmitteln nach § 279 ZPO. ist vor Erlaß der Vorabentscheidung zulässig. Dies ergibt sich aus dem Zweck des § 279, wonach auch für Zwischenurteile eine Prozeßverschleppung hintangehalten werden soll. Mit der Zurückweisung geht die Einrede für die erste Instanz verloren und der Prozeß wird, sofern nicht noch weitere Einreden der Verteidigung harren, für eine Vorabentscheidung spruchreif.

Nur § 303, nicht aber § 304 kann zur Anwendung gelangen,

1. wenn nur über ein einzelnes Angriffs- oder Verteidigungsmittel, nicht aber über die anderen zum Grund des Anspruchs gehörigen Momente entschieden werden kann[62]);

2. wenn zwar das Entstandensein des Anspruchs, nicht aber auch dessen Fortbestehen, das vom Gegner mit der Einrede des Erlasses, der Anfechtbarkeit, der vertraglichen Aufhebung usw. bestritten wird, festgestellt ist[63]).

Wenn nur ein Element des den Anspruch begründenden Tatbestands feststeht, kann niemals § 304[64]) und § 303 nur dann Anwendung finden, wenn sich das eine Element als selbständiges Angriffsmittel darstellt[65]).

---

61) Siehe unten S. 26!

62) RG. JW. 1901, 121 (6), SA. 56 N. 64; BlfRA. 11, Ergänzungsband S. 369; Wilmowski-Levy, § 276 N. 2.

63) RG. BlfRA. 13, Ergänzungsband S. 77; SA. 39 N. 254.

64) RG., Gruchot 32, 426.

65) Seuffert, § 304 N. 2; RGE. 6, 431; 31, 362.

A. M.: Gaupp-Stein, § 304 N. I 2, welcher auch den Erlaß eines Zwischenurteils nach § 303 in diesem Falle für unzulässig hält und gleichfalls auf RGE. 31, 361 hinweist, die aber m. E. nicht für, sondern gegen seine Anschauung spricht.

Weder nach § 303 noch nach § 304 ist ein Zwischenurteil über bloße Grundsätze der Entscheidung nach Art eines sog. Beweisinterlokuts zulässig[66]). Dagegen ist es statthaft, in der Vorabentscheidung die Gesichtspunkte festzustellen, nach welchen der Betrag zu berechnen ist[67]).

Stützt sich ein Anspruch nicht wie gewöhnlich auf einen, sondern auf mehrere Klagegründe, so kann eine Vorabentscheidung nach § 304 erlassen werden, wenn einer der Gründe vollständig erledigt und der Anspruch hiernach gerechtfertigt ist[68]). Von bedeutenden Autoren wird allerdings das Gegenteil behauptet[69]), was indes kaum richtig sein dürfte. Wird ein Anspruch auf mehrere Klagansprüche gestützt, so erfordert allerdings die vollständige Behandlung der Sache, daß der Anspruch nach den verschiedenen Klagegründen geprüft wird. Dies gilt auch von der Vorabentscheidung nach § 304. Wenn indes vom Gericht nur ein Grund geprüft und bereits aus diesem einen Grund der Anspruch für gerechtfertigt erklärt wird, so kann jedenfalls wegen der alleinigen Tatsache, daß nicht nebenher auch noch die anderen Gründe gewürdigt wurden, eine Aufhebung der Vorabentscheidung nicht erfolgen; m. E. kann hierwegen höchstens dann, wenn der eine vom Untergericht gewürdigte Grund vom Obergericht nicht anerkannt wird, wegen Unvollständigkeit der Entscheidung eine Zurückverweisung zur Prüfung der noch nicht gewürdigten Gründe gemäß § 539 ZPO.

---

66) RGE. 5, 411; 58, 232. („Nicht ausreichend ist die bloße Festlegung eines Entscheidungsgrundsatzes ohne die Prüfung seiner Anwendbarkeit auf die tatsächliche Lage des Falles".)

67) RGE. 13, 109, 405; Gruchot 41, 181, 185; BayerOLGE. (n. F.) 9, 25.

68) Seuffert, § 304 N. 2, Förster, § 304 N. 2, Schmidt B., a. a. O. S. 787. Vgl. RGE. 42, 407 und 45, 316.

69) Gaupp-Stein, § 304 N. I 2, Petersen, § 304 N. 2, Schneider, ZtschRpfl. 4, 30; ferner RG. JW. 1896, 148 (12), 1906, 313 (20). Marwitz, Urteil S. 50, nimmt eine Zwischenstellung ein: er hält eine Vorabentscheidung bezüglich eines Grundes dann für zulässig, wenn der Betrag nicht, je nach dem Grund, verschieden bemessen werden kann.

in Frage kommen[70]). — Neben der Vorabentscheidung kann in Betreff der anderen Klagegründe ein Zwischenurteil nach § 303 erlassen werden. Es können außer der einen Vorabentscheidung auch noch weitere Vorabentscheidungen über die übrigen Klaggründe ergehen. Vom praktischen Standpunkt aus ist dies freilich höchst bedenklich, wie auch der Erlaß von nur einer Vorabentscheidung über einen der mehreren Klagegründe unzweckmäßig ist.

Im Gegensatz zu der besprochenen Teilung des Tatbestands ist eine quantitative Teilung des Klaganspruchs unzweifelhaft zulässig. So gut das Gericht von einem einheitlichen Endurteil die den Anspruchsgrund betreffende Entscheidung antizipieren kann, so gut kann sie dies bezüglich eines Teilurteils, d. i. bezüglich eines oder einiger von mehreren in einer Klage zusammengefaßten Ansprüchen oder bezüglich eines Bruchteils eines einheitlichen Anspruchs tun. Das Gericht hat dabei zu beachten, daß nach der herrschenden Ansicht durch den Erlaß von Teilurteilen die Revisionssumme zerstört werden kann[71]) und daß ihm sein nobile officium gebietet, die Parteien nicht eigenmächtig um ein Rechtsmittel zu bringen.

Eine Vorabentscheidung nach § 304 kann auch gegen nur einen von mehreren Streitgenossen, sofern gegen ihn der Anspruchsgrund entscheidungsreif ist, erlassen werden[72]).

IV. Was die einzelnen Voraussetzungen der Entscheidungsreife anbelangt, so müssen beim Erlaß der Vorab-

---

70) S. auch S. 81, 82!

71) Seuffert, § 301 N. 3a, Gaupp-Stein, § 301 N. I, § 546 N. III e.

Ich vermag dieser Ansicht nicht beizutreten, da ich nicht einsehe, warum ein an sich revisibler Anspruch diese Eigenschaft dadurch verlieren soll, daß aus prozeßtechnischen Rücksichten nicht simultan durch ein Urteil, sondern sukzessiv durch mehrere Teilurteile entschieden wird, die sich ihrer Natur nach — wie schon ihr Name sagt — doch nur mit Teilen des einen Prozesses und des einen zerrissenen Gesamtanspruchs befassen.

72) RG., Gruchot 47, 1167; Seuffert, § 304 N. 2; Struckm. K., § 304 N. 1.

entscheidung zunächst selbstverständlich alle diejenigen Voraussetzungen gegeben sein, deren Fehlen ein sog. Prozeßurteil (absolutio ab instantia) zur Folge haben würde; denn ehe sich das Gericht mit der sachlichen Prüfung des Anspruchs befaßt, hat es zu untersuchen, ob dessen prozessuale Geltendmachung überhaupt zulässig ist.

Zweifelhaft ist, ob eine Vorabentscheidung vor Ablauf der einer Partei, einem gesetzlichen oder erwählten Vertreter nach §§ 56, 89 ZPO. gesetzten Frist erlassen werden darf; denn die zitierten Paragraphen sprechen nur vom Endurteil. Sie werden aber m. E. mit Recht auch als auf die Vorabentscheidung anwendbar erklärt, da diese sachlich nur ein antizipierter Bestandteil des Endurteils ist[73]).

Feststehen muß ferner auch die Aktiv-[74]) und die Passivlegitimation[75]), was namentlich bei dem Übergang eines Ersatzanspruchs auf einen Versicherungsträger zu beachten ist[76]). Natürlich darf nicht schon dann eine Vorabentscheidung erlassen werden, wenn lediglich die Passivlegitimation des Beklagten feststeht; denn daraus folgt noch keineswegs das Bestehen eines Anspruchs[77]).

Im übrigen ist sehr bestritten, welche Streitpunkte bei Erlaß der Vorabentscheidung erledigt sein müssen[78]). In der Praxis herrscht infolge der oben S. 13 ff. widerlegten Auffassung vom „Grund des Anspruchs" das wenig beifallswerte Bestreben, möglichst viel in der Vorabentscheidung zu erledigen und dem Nachverfahren lediglich das Zahlenmaterial zu überweisen[79]). Namentlich bezüglich der am häufigsten erhobenen

73) Haas, Gruchot 34, 349, Schmidt B., Gruchot 47, 625.

74) RGE. 62, 339.

75) RGE. 13, 333.

76) KVG. § 57 Abs. IV, V; GUVG. § 140; LUVG. § 151 Abs. IIb; BauUVG. § 45 Abs. II; SeeUVG. § 138 Abs. II; IVG. § 54; RVO. § 1542.

77) RGE. 6, 431; 11, 391.

78) Eine Zusammenstellung der sämtlichen in dieser Hinsicht ergangenen Entscheidungen gibt SkonG., § 304 N. 4 A a, b.

79) S. Gaupp-Stein, § 304 N. I 2.

Einreden des mitwirkenden Verschuldens und der Aufrechnung besteht zwischen Theorie und Praxis starke Meinungsverschiedenheit.

1. Die Einrede des mitwirkenden Verschuldens (§§ 254, 846 BGB.) wird von der Praxis stets der Vorabentscheidung zur Erledigung zugewiesen[80]. Dabei wird dann weiter verlangt, daß auch die Quote des beiderseitigen Verschuldens (z. B. $^1/_3$ für den Kläger, $^2/_3$ für den Beklagten) in der Vorabentscheidung festgesetzt werde[81].

Dies ist sicherlich nicht richtig. Auszugehen ist von dem Wesen der Einrede mitwirkenden Verschuldens, also von § 254 BGB. Hiernach kann mit der Einrede des mitwirkenden Verschuldens sowohl die Verpflichtung zum Schadensersatz überhaupt als auch bloß der Umfang des zu leistenden Ersatzes bestritten werden, ersteres aus dem Grund, weil der Kläger selbst den Schaden vorwiegend verursacht oder schuldhafter Weise dessen Abwendung unterlassen habe, letzteres aus dem Grund, weil der Kläger selbst zur Entstehung des Schadens in nicht unerheblichem Maße mitgewirkt oder eine tunliche Verminderung unterlassen habe.

Aus dieser Gegenüberstellung von Ersatzpflicht und Ersatzumfang einerseits, von Schadensabwendung und Schadensminderung anderseits läßt sich m. E. mit aller Deutlichkeit erkennen, daß das Gesetz zwischen einem bloß den Anspruchsbetrag und einem den Anspruchsgrund selbst betreffenden mitwirkenden Verschulden unterscheidet und in welcher Weise die Unterscheidung zu treffen ist. Aus dieser vom Gesetz selbst vorgenommenen Klassifizierung der Einreden nach § 254 BGB. dürfte zur Genüge ersichtlich sein, wie wenig die Praxis mit der

80) Wie die Praxis auch Struckm K., § 304 N. 1, Reincke, § 304 N. IIa, Marwitz, Urteil, S. 48, Schmidt B., a. a. O. S. 626 (mit ungenauer Begründung); auch Eickhoff, Gruch. 51, 116 f. ist der gleichen „selbstverständlichen" Meinung. — Vgl. aber auch: RG. JW. 1903, 239 (10), Gruch. 54, 1143.

81) RGE. 53, 116 f., 61, 293 ff.

generellen Zuweisung dieser Einreden an die Vorabentscheidung im Recht ist[82]). —

Was die Quote anbelangt, so liegt bei ihr der Fall analog wie bei der prozentualen Verteilung einer Ausfalldeckung, für welche das RG. entschieden hat, daß sie nur die Betragsfrage betreffe[83]).

Richtigerweise muß also bei der Einrede des mitwirkenden Verschuldens unterschieden werden, ob der Beklagte damit den Anspruch des Klägers ganz oder nur teilweise verneinen will und ob er demnach die gänzliche oder nur die teilweise Abweisung der Klage bezweckt[84]). Ist ersteres der Fall, so muß die Einrede bei Erlaß der Vorabentscheidung erledigt werden; ist letzteres der Fall, so gehört sie in das Verfahren über den Betrag[85]).

2. Auch die Aufrechnungseinrede wird von der Praxis regelmäßig in der Vorabentscheidung erledigt[86]). Allein auch hier dürfte die generelle Zuweisung an die Vorabentscheidung kaum richtig sein.

Man hat bei der Aufrechnung zwei Arten zu unterscheiden:

a) die Aufrechnung vor dem Prozeß (sog. Einredetatsache) und

b) die Aufrechnung im Prozeß (sog. Einrederecht), und zwar

---

82) Dabei soll nicht verkannt werden, daß wohl in der Mehrzahl der Fälle die Einrede gegen den Grund des Anspruchs gerichtet ist.

83) S. S. 71 — Vgl. auch Seuffert, § 304 N. 2, wonach die Prüfung des Maßes des Verschuldens dem Nachverfahren vorbehalten werden kann.

84) Nach Seuffert, § 304 N. 2, kommt es darauf an, ob die Einrede objektiv geeignet ist, den Grund des Anspruchs zu verneinen. Das dürfte wohl so zu verstehen sein, daß die tatsächlichen Behauptungen so hinzunehmen sind, wie sie der Beklagte vorbringt, daß aber die Würdigung ihrer Tragweite dem Gericht obliegt.

85) Gaupp-Stein, § 304 N. I 2, Weismann, Lehrb. 1, 221.

86) RGE. 6, 420; 52, 27; JW. 1895, 294 (10); 1900, 439 (7); 1902, 632 (5); 393 (12), 1904, 39 (36).

α) die unbedingte,

β) die bedingte (eventuelle)

Aufrechnung im Prozeß[87]).

Zu a. Mit der Aufrechnung als Einredetatsache wird behauptet, daß der Anspruch deswegen nicht mehr bestehe, weil er bereits vor dem Prozeß infolge von Aufrechnung erloschen sei. Es ist klar, daß es dabei einen Unterschied macht, ob der aufgerechnete Anspruch kleiner oder größer, bezw. mindestens ebensogroß war als der Klagsanspruch. War er mindestens ebensogroß, so ist durch die Aufrechnung der Klagsanspruch völlig getilgt worden; sein Betrag ist gleich Null und es kann deswegen auch nicht mehr von einem Grund des Anspruchs die Rede sein, der für gerechtfertigt erklärt werden könnte; der den Klagsanspruch ursprünglich begründende Tatbestand ist vielmehr durch die nachfolgende Aufrechnung rechtlich irrelevant geworden. Anders liegt die Sache, wenn der aufgerechnete Anspruch kleiner war. Denn dann konnte die Aufrechnung ja nur die Wirksamkeit haben, daß der Klagsanspruch teilweise unterging, anderenteils aber bestehen blieb. Die Aufrechnung kann also lediglich für die Frage, wieviel der Kläger (noch) zu beanspruchen hat, von Bedeutung sein, nicht aber dafür, ob er überhaupt (noch) etwas zu beanspruchen hat. Somit kann in diesem Falle die Aufrechnung den Grund des Anspruchs, in dem oben S. 14 dargelegten Sinn verstanden, nicht berühren. —

Zu b. Bei der erst während des Prozesses erfolgenden Aufrechnung handelt es sich nicht lediglich um die Behauptung einer Tatsache, sondern um die durch Abgabe einer Willenserklärung bewirkte Geltendmachung eines Rechts auf Grund

87) Wie die Praxis auch Gaupp-Stein, § 304 N. I 2, Petersen, § 304 N. 2, § 302 N. 3 (aus sehr unstichhaltigen Gründen), Struckm. K., § 304 N. 1, Förster, § 304 N. 2, Haas, Gruch. 34, 347 (auch bezüglich der Zahlungseinrede). Schmidt B., a. a. O. S. 626, konstruiert eine Vermutung, des Inhalts, daß die Aufrechnungseinrede einen anspruchvernichtenden Zweck habe (hergeleitet aus dem „Gesamtverhalten des Beklagten im Grundverfahren“ (?)).

88) Siehe Stein, Zivilprozeß (in Birkmeyers Enzyklopädie, 2. Aufl. S. 976).

bestimmter Tatsachen; daher die Bezeichnung „Einrederecht". Bei der unbedingten Aufrechnung wird dem Kläger zwar zugegeben, daß sein Anspruch besteht, die Klage sohin an sich begründet wäre, es wird ihm aber auch gleichzeitig erklärt, daß mit einem Gegenanspruch aufgerechnet, sohin der Anspruchsgrund vernichtet werde. — Eine Spezialform des Einrederechts ist die sog. Eventualaufrechnung: der klägerische Anspruch wird zunächst aus einem anderen Grunde bestritten und erst für den Fall, daß diese Einwendung nicht durchgreifen sollte, wird die Aufrechnung erklärt. Ihrer Prüfung bedarf es daher erst dann, wenn die primären Einwendungen des Beklagten für unstichhaltig befunden werden. Nur für die Reihenfolge, in der sie anderen Verteidigungsmitteln gegenüber erledigt werden muß, kommt also dieser Aufrechnungseinrede eine Besonderheit zu, im übrigen unterscheidet sie sich von dem Aufrechnungseinrederecht nicht[89]. — Wie bei der Aufrechnung als Einredetatsache die Betragsgrößen einen Unterschied machen, so auch bei der Aufrechnung als Einrederecht. Denn auch hier bringt die Erklärung, daß mit einem mindestens gleichgroßen Anspruch aufgerechnet werde, den Klagsanspruch im vollen Umfang zum Erlöschen und vernichtet damit den Anspruchs grund, wogegen sie anderenfalls nur den Betrag berührt.

Aus dem Dargelegten folgt:

1. Die Aufrechnung, gleichviel ob Einredetatsache oder Einrederecht, ob unbedingte oder Eventualaufrechnung, ist gegen den Grund des Anspruchs gerichtet, wenn behauptet wird, es sei der aufgerechnete Anspruch mindestens ebensogroß als der Klagsanspruch[90]; sie ist in diesem Falle in der Vorabent-

89) A. M.: Weismann, Lehrb. 1, 221, der die Eventualaufrechnung stets dem Betragsverfahren zuweisen will.

90) Der Schwerpunkt liegt in den Behauptungen des Beklagten, weil nur sie dafür maßgebend sind, inwieweit der Klagsanspruch bestritten werden soll. Der Beklagte kann sich also gegen den Grund des Anspruchs wenden, indem er an und für sich die Höhe des Klagsanspruchs nicht bestreitet, ihm aber einen mindestens gleichgroßen Aufrechnungsanspruch entgegengestellt (ein Fall, in welchem keines-

scheidung zu erledigen; der Grund des Anspruchs darf erst dann bejaht werden, wenn ein die Aufrechnungsforderung überwiegender Betrag festgestellt ist. Die Verhandlung über den Betrag ist in diesem Falle erforderlich, um den Grund des Anspruchs festzustellen; insoweit bildet die Betragsfrage nur ein Element des Urteils über den Grund (nicht einen selbständigen Streitpunkt)[91]. Einer genauen Feststellung des Betrages bedarf es nicht; die Feststellungen müssen lediglich die Annahme eines Überschusses rechtfertigen. Trotzdem wird in solchen Fällen der Erlaß einer Vorabentscheidung gewöhnlich unzweckmäßig sein.

2. Die Aufrechnung, gleichviel welcher Art, ist nur gegen den Betrag des Anspruchs gerichtet, wenn — die Behauptung der beklagten Partei für richtig hingenommen — ein von der Aufrechnung nicht betroffener Teilbetrag des Klagsanspruchs übrig bleibt[92]; die Erledigung der Einrede hat daher in diesem Fall nicht in der Vorabentscheidung zu erfolgen.

Fällt die Aufrechnungseinrede der Vorabentscheidung zur Erledigung zu, so kann diese in zweifacher Weise erfolgen:

a) durch eine sachliche Entscheidung, indem die Einrede für unzulässig oder für unbegründet erklärt wird[93], oder

b) durch eine prozessuale Maßnahme, indem bei nicht konnexen Forderungen die Einrede nach §§ 145 III, 302 zu gesonderter Verhandlung verwiesen wird[94]; denn die in § 302 erforderte „Entscheidungsreife der Verhandlung über die Forderung"

---

wegs bloß der Anspruchsbetrag strittig ist!); er kann aber auch zunächst die Höhe des Klagsanspruchs bestreiten und dem noch verbleibenden Rest einen mindestens gleichgroßen Betrag entgegensetzen.

I. Fall: 100—100. II. Fall: (100—20)—80.

91) RGE. 61, 412.

92) Wenn nur nach der klägerischen Behauptung ein unbetroffener Teilbetrag übrig bleibt, so gehört der Fall zu Ziff. 1 (siehe oben!). — Wie groß der Rest ist, ist gleichgültig. A. kann z. B. 100—20, B. 100—99 behaupten.

93) RGE. 52, 27.

94) RG. JW. 1904, 39 (6). — Ebenso: Seuffert, § 304 N. 2. Gaupp-Stein, § 304 N. I 2 hält diese Art der Erledigung für unzulässig.

ist, wenigstens insoweit die Aufrechnungseinrede zurzeit zu berücksichtigen ist (nämlich bezüglich des Grundes), gegeben. In diesem Fall ist in den Urteilsspruch der Vorabentscheidung ein Vorbehalt aufzunehmen. — Auch wenn die Aufrechnungseinrede zu getrennter Verhandlung verwiesen wird, behält sie wie bereits bemerkt[95]), ihren Charakter als Verteidigungsmittel; es kann über sie nicht eine weitere Vorabentscheidung erlassen werden[96]). Dient die Aufrechnung zur Begründung einer Klage, m. a. W.: wird auf den nach der Aufrechnung zweier Forderungen verbleibenden Betrag geklagt, so gehört zum Grund des Klaganspruchs auch die Feststellung, daß er nicht schon durch die Aufrechnung getilgt ist, sondern den aufgerechneten Betrag überstiegen hat[97]).

3. Weiter muß auch die Haftungsfrage nach Ansicht der Praxis in der Vorabentscheidung erledigt werden: ob einer oder mehrere haften, ob nach Bruchteil oder für die ganze Schuld gehaftet wird, ob die Haftung beschränkt oder unbeschränkt ist (Schiff und Ladung, HGB. § 486, BinnenschFGes. § 4; Nachlaß BGB. §§ 1975 ff. 2c.)[98]).

Es ist hier von Bedeutung, zunächst festzustellen, worin denn das Wesen der Haftung eigentlich besteht[99]). „Haftung" bedeutet nichts anderes als „Erzwingbarkeit einer Leistung". Die Erzwingbarkeit einer Leistung ist aber nicht identisch mit der Leistungspflicht. Eine Beschränkung der Haftung bedeutet deshalb nicht eine solche des Leisten- oder Bekommensollens[100]). Die Frage, ob jemand schuldet und wieviel er schuldet, ist streng von der Frage zu sondern, inwieweit dieser Anspruch gegen ihn erzwingbar ist. Wenn das RG. in E. 61, 293 ff. (und ihm folgend Schmidt-B., Gruchot 47 S. 626) sagt, die Frage,

95) S. S. 10!

96) Reincke, § 304 N. I, SchmidtB., a. a. O. S. 597.

97) RGE. 77, 133.

98) Siehe Schneider, ZtschRpfl. 4, 30 N. 3.

99) Vgl. hierzu O. Geib, Rechtsschutzbegehren (1909), § 4 (materieller Anspruch und Exekutionsduldungspflicht) und §§ 19, 20, 21 (Haftung, beschränkte H. und Beschränkbarkeit der H.).

100) Geib, a. a. O. § 20.

ob der Erbe beschränkt oder unbeschränkt hafte, betreffe nicht den Betrag, so ist das richtig. Falsch ist aber die hieraus gezogene Folgerung, daß die Haftung deswegen den Grund des Anspruchs betreffe. Das RG. geht dabei offenbar von dem in § 304 statuierten Gegensatz zwischen „Grund" und „Betrag" des Anspruchs aus und argumentiert: entweder muß ein Streitpunkt den Grund oder den Betrag betreffen; ist das eine nicht der Fall, so trifft das andere zu. Allein damit, daß das Gesetz eine Vorabentscheidung über einen nach Grund und Betrag streitigen Anspruch zuläßt, ist nicht gesagt, daß nach Entscheidung über den Grund nur mehr die Betragsfrage zur Verhandlung steht. Man muß allerdings zugeben, daß diese Folgerung in Anbetracht der Fassung des Gesetzes naheliegt. Vielleicht enthält § 304 auch eine wirkliche Unstimmigkeit, wenn darin angeordnet ist, daß das Gericht (vor Rechtskraft der Vorabentscheidung über den Grund) die Verhandlung über den Betrag beschließen könne; denn der Gesetzgeber wird dabei jedenfalls nur an den Regelfall, in dem es sich lediglich um Grund und Betrag handelt, gedacht haben. Man darf aber statt des a potiori genommenen Ausdrucks „Verhandlung über den Betrag" unbedenklich den Ausdruck „Verhandlung über den Rest des Streitstoffs" substituieren. Soviel steht jedenfalls fest, daß sich die Vorabentscheidung nur mit dem Grund zu befassen hat.

Die Frage der Haftung betrifft ihrer Natur nach die Zwangsvollstreckung. Nach § 305 ZPO. kann dem Erben die beschränkte Haftung vorbehalten werden, wenn nicht feststeht, daß er unbeschränkt oder unbeschränkbar haftet. Dadurch wird — und hierin zeigt sich die Natur der Haftungseinrede am deutlichsten — dem Erben ermöglicht, im Zwangsvollstreckungsverfahren durch Widerspruchsklage (§§ 780, 785, 767 ZPO.) seine beschränkte Haftung geltend zu machen[101]).

Die Frage der Haftung gehört somit, soweit sie von der Frage nach dem Schuldner überhaupt getrennt werden

101) Siehe die Kommentare zu den zitierten Paragraphen!

kann[102]), in das Nachverfahren[103]). Nur einen Fall gibt es, in dem sie bereits in der Vorabentscheidung zu erledigen ist: wenn durch den Wegfall aller Haftungsobjekte die Möglichkeit, gegen den Schuldner einen Zwang auszuüben, weggefallen ist; denn die Erzwingbarkeit des Anspruchs ist für die Gewährung von Rechtsschutz wesentlich, eine Verurteilung ist sinnlos, wenn ihr die Exekutionsmöglichkeit dauernd fehlt, und für die Feststellung einer nicht erzwingbaren Leistungspflicht fehlt jedes rechtliche Interesse.

4. Gewöhnlich erledigt die Praxis in der Vorabentscheidung auch

a) die Ausgleichung von Schaden und Nutzen[104]),

b) den Anfangs- und Endtermin bei Unterhaltsansprüchen u. dgl.[105]),

c) die Frage, ob Kapitalabfindung oder Rente zu gewähren ist[106]); indes ist hier die Rechtsprechung nicht konstant.

Ersteres ist nur insoweit richtig, als der Beklagte behauptet, der Schaden sei durch den Nutzen aufgewogen worden, der Kläger habe also überhaupt nichts zu fordern. Wird dagegen vom Beklagten nur ein teilweiser Ausgleich behauptet, so hat dies mit dem Grund des Anspruchs im Sinn des § 304 nichts zu schaffen.

Daß der Anfangs- und Endtermin feststehen müsse, ist auf alle Fälle unrichtig; denn davon hängt niemals das Bestehen, sondern stets nur der Umfang (= Betrag) des Anspruchs ab. Das RG. hält übrigens die Festsetzung der Rentendauer im

---

102) Regelmäßig ist dies nicht der Fall, da nach modernem Recht jeder Schuldner für die Schuld auch persönlich haftet. Deshalb erledigt sich in den meisten Fällen die Frage der Haftung von selbst mit der Feststellung des Schuldners, bezw. der Schuldner.

103) A. M. auch Reincke, § 304 N. IIa.

104) RGE. 65, 59; Schneider, ZtschRpfl. 4, 30.

105) RGE. 64, 33.

106) So RG. JW. 1906, 359 (21), 686 (7); Gruchot 51, 598, 923; Recht 1907 N. 1694. Ebenso Heilfron-Pick, Lehrb. I 727; Fischer-Henle, BGB. § 843 N. 10. — A. M.: RG. Recht 1908 N. 3151.

Nachverfahren dann für zulässig, wenn im einzelnen Falle (!) hierfür besondere Zweckmäßigkeitsgründe vorhanden sind[107].

Auch die Frage, ob Kapitalabfindung oder Rente zu gewähren ist, gehört ins Nachverfahren. Denn diese Frage betrifft nicht den Grund des Anspruchs, freilich auch nicht den Betrag desselben[108]; es handelt sich weder darum, ob Ersatz geleistet werden muß, noch darum, wieviel zu leisten ist, sondern darum, in welcher Art und Weise der Ersatz zu leisten[109].

Werden vom Beklagten mehrere Einreden vorgebracht, von denen keine für sich allein den Grund des Anspruchs zu verneinen vermag, wogegen dies ihrer Gesamtheit möglich ist, so betrifft, solange diese Gesamtheit besteht, offenbar jede Einrede den Anspruchsgrund; denn jede zielt darauf ab, ihn, gemeinsam mit den anderen Einreden, völlig in Abrede zu stellen. Wird aber eine dieser Einreden vom Gericht nicht anerkannt, so zerreißt damit die Gesamtheit aller und die noch nicht erledigten Einreden sinken zu bloßen Angriffsmitteln gegen den Betrag herab. Das Gericht kann sich also in der Vorabentscheidung darauf beschränken, eine der Einreden einer Prüfung zu unterziehen, sofern diese ein negatives Ergebnis zutage bringt.

Beispiel: A. klagt gegen B. auf Zahlung von 2000 Mk. Schadensersatz. B. wendet ein: A. habe den Schaden zur Hälfte selbst verschuldet, 700 Mk. seien bereits bezahlt worden, gegen den Rest werde mit 350 Mk. aufgerechnet. — Hier genügt es, wenn das Gericht in der Vorabentscheidung feststellt

entweder, daß ein Verschulden des Klägers nicht mitgewirkt habe,

oder daß eine Zahlung nicht erfolgt sei,

---

107) RGE. 71, 243. — Als ob Zweckmäßigkeitsgründe dafür maßgebend sein könnten, was die Frage des Grundes und was die Betragsfrage betrifft!

108) Vgl. hierzu die Ausführung S. 28 f.!

109) Berührt wird nicht die Frage „an" oder „quantum", sondern „quomodo". Wer zum „quantum" das „quid" als Gegensatz stellt (s. oben S. 14!), muß hier zu einem irrigen Ergebnis kommen.

oder daß eine Aufrechnung nicht erfolgen könne, und auf Grund dieser Feststellung die beiden andern Einreden als den Betrag betreffend ins Nachverfahren verweist. —

V. Hat das Gericht alle Streitpunkte geprüft, die für die Entscheidungsreife des Anspruchgrundes von Belang sind, und erscheint hiernach der Grund als gerechtfertigt, so kann das Gericht hierüber eine Vorabentscheidung erlassen. Es muß aber eine solche nicht erlassen, selbst dann nicht, wenn die Verhandlung zum Zweck der Vorabentscheidung ausdrücklich auf den Anspruchsgrund beschränkt wurde.

Hält das Gericht den Anspruchsgrund nicht für gerechtfertigt, so darf es eine Vorabentscheidung nicht erlassen[110]); denn eine Vorabentscheidung negativen Inhalts gibt es nicht[111]). Wenn in § 304 II gesagt ist, es dürfe, „wenn der Anspruch für begründet erklärt ist", vor Rechtskraft der Vorabentscheidung das Nachverfahren über den Betrag eingeleitet werden, so darf nicht e contrario geschlossen werden, daß auch eine negative Vorabentscheidung statthaft und lediglich der Erlaß des Endurteils vor Rechtskraft der Vorabentscheidung unzulässig sei. Eine derartige Auffassung wird durch die Entstehungsgeschichte des § 304 (276 a. F.) genügend widerlegt[112]). Das Reichsgericht hat anfangs diese unrichtige Anschauung vertreten[113]), später aber zugunsten der richtigen Anschauung preisgegeben[114]).

Was die zitierte Gesetzesstelle besagen will, ist nur, daß im Falle der Verneinung des Grundes nicht auch noch eventuell über den Betrag zu verhandeln sei[115]), wie dies beispielsweise in Preußen früher vorgeschrieben war[116]).

---

110) So die herrschende Lehre. — A. M. Harries, ThürBl. 34, 289; OLG. Jena, ThürBl. 38, 148.

111) Mot. S. 218!

112) Siehe Einleitung S. 2 ff.!

113) RGE. 10, 432; 14, 358.

114) RGE. 17, 350 f.

115) Mot. S. 218; Komm.-Prot. S. 97 (Hahn II S. 284 f. und S. 600 f.).

116) Siehe S. 2!

Auch dann, wenn die Verhandlung auf den Grund des Anspruchs beschränkt war, darf eine negative Vorabentscheidung nicht ergehen[117]).

Denn da bei Verneinung des Anspruchgrundes die Sache ihrem ganzen Umfang nach spruchreif wird, weil sich die Klage damit als unbegründet erweist, so hat die Erledigung der Sache in jedem Fall durch klagabweisendes Endurteil zu erfolgen[117]). Die Erlassung einer negativen Vorabentscheidung wäre ohne Sinn und praktischen Zweck, weil ja auf sie das Endurteil unmittelbar erfolgen müßte und weil in Ermangelung eines Nachverfahrens über den Betrag für eine selbständig anfechtbare Entscheidung über den Grund absolut kein Bedürfnis bestehen kann. —

B. Wesen und Inhalt der Vorabentscheidung.

I. Die Vorabentscheidung über den Grund des Anspruchs ist nicht ein Endurteil, sondern ein (qualifiziertes) Zwischenurteil[118]). Denn es wird darin nicht über den Anspruch

117) RGE. 16, 316; 17, 350; 19, 247; 22, 391; JW. 1899, 535 (12). — Gaupp-Stein, § 304 N. IV, Struckm.K., § 304 N. 1, Wilm.Levy, § 276 N. 2.

118) So Seuffert, § 304 N. 3, Gaupp-Stein, § 304 N. II, Petersen, § 304 N. 2, Struckm.K., § 304 N. 1, Wilm.-Levy, § 276 N. 2, Planck, Lehrb. I 456 (N. 52), Marwitz, Urteil S. 44, SchmidtB., a. a. O. S. 732, Haas, Gruchot 34, 337; RGE. 17, 360.

A. M.: Kleinfeller, Krit. Vierteljahrsschrift für Gesetzgebung und Rechtswissenschaft 45, 45 („das Urteil ist kein Endurteil; es ist aber auch kein Zwischenurteil. Seine Wirkung ist die, daß es infolge der bewirkten Cäsur die Instanz vorläufig beendigt"). — Auch Wach spricht in seinen „Vorträgen" wiederholt vom Nachverfahren als „Liquidationsinstanz" (s. z. B. S. 273!). — Die anscheinend sonderbare Anschauung des BayerOLGE. (n. F.) 5, 463 („auflösend bedingtes Endurteil"), beruht auf einer konsequenten Paragraphenverwechselung (§ 304 statt § 302).

selbst, quantitativ auch nicht teilweise[119]), sondern lediglich über einen Streitpunkt entschieden und der Streit somit nicht seiner ganzen Ausdehnung nach, sondern nur in beschränktem Umfang, soweit er eben den Anspruchsgrund betrifft, erledigt. Die Vorabentscheidung bereitet das Endurteil nur vor, sie bildet nur einen antizipierten Bestandteil der Endentscheidung[120]).

Inhalt der Vorabentscheidung ist eine Feststellung[121]). Festgestellt wird nicht der Anspruch selbst, sondern nur eine für die Bejahung des Anspruchs erhebliche Präjudizialfrage, ein Inzidentpunkt[122]), nämlich das derzeitige Bestehen eines Rechtsverhältnisses, aus dem der erhobene Anspruch abgeleitet wird, das also den Grund des erhobenen Anspruchs bildet[123]). Die Vorabentscheidung wird aber dadurch nicht zum „Feststellungsurteil", mit welchem sie allerdings starke Ähnlichkeit hat[124]); denn ein endgültiger Rechtsschutz wird durch die Vorabentscheidung nicht gewährt und nach der zivilprozessualen Terminologie ist die Bezeichnung „Feststellungsurteil" nur auf Endurteile anwendbar.

Wie jedes Urteil besteht auch die Vorabentscheidung über den Grund des Anspruchs aus Urteilsspruch, Tatbestand und Gründen.

---

119) RGE. 15, 353.

120) RGE. 15, 350; 17, 360.

121) RGE. 66, 11; Weismann, Lehrb. 1, 222.

122) Hellmann, Lehrb. S. 330, Struckm. K., § 304 N. 1. A. M.: Wach, Vorträge, S. 142. — Kleinfeller, Lehrb. S. 239 behauptet, daß durch die Vorabentscheidung nicht ein Element des Endurteils, sondern ein Stück des entscheidenden Urteilssatzes („tenor sententiae") vorweggenommen werde. Dies ist unrichtig. Denn der Ausspruch des Endurteils geht ja auf eine ziffermäßige Verurteilung oder Feststellung des ziffermäßig angegebenen Anspruchs; die Feststellung des Anspruchgrundes ist nicht ein Teil hiervon, sondern die Voraussetzung hierfür.

123) Petersen, § 256 N. 1, 3.

124) RGE. 13, 390, JW. 1904, 493 (21), in welcher der Unterschied eingehend dargelegt ist.

Die Formulierung des Urteilsspruches bedarf besonders sorgfältiger Fassung, da andernfalls leicht Zweifel über den Charakter oder Umfang des Urteils entstehen können. Die in der Praxis gebräuchliche, weil einfachste und klarste Formulierung lautet:

„Der Anspruch des Klägers auf Zahlung von 1000 Mk. Schmerzensgeld wird dem Grunde nach für gerechtfertigt erklärt“[125]).

In zweifacher Hinsicht unrichtig ist z. B. die Fassung: „Der Beklagte wird verurteilt (!), dem Kläger den durch .... entstandenen Schaden (!)[126]) zu ersetzen“. — Es ist zulässig und unter Umständen sogar notwendig, im Urteilsspruch den für begründet erklärten Anspruch näher zu bestimmen und zu begrenzen[127]).

In den Gründen der Vorabentscheidung sind einerseits die sämtlichen zur Begründung des Anspruchs erforderlichen Tatbestandsmerkmale[128]), anderseits auch die sämtlichen gegen den Anspruch gerichteten Einreden[129]) zu würdigen.

Da die Vorabentscheidung nicht eine Verurteilung des Beklagten enthalten kann, nachdem quantitativ auch nicht teilweise über den Anspruch entschieden wird, so ist es eine schiefe Ausdrucksweise, den Beklagten zur Leistung des vom Kläger Geforderten „vorbehaltlich des Betrags“ zu verurteilen. Da indessen auch durch diese Fassung der Charakter des Urteils als Vorabentscheidung ersichtlich gemacht ist, so ist

125) RGE. 60, 313. S. auch RGE. 56, 35. — In dem für Sachsen offiziellen „Leitfaden für die Unterweisung der Referendare im Abfassen von Zivilurteilen“ von Küttner (1911) findet sich S. 23 die Fassung befürwortet: „Der Klags (Widerklags-) anspruch wird dem Grunde nach festgestellt“ oder kurz „Der Klags (Widerklags-) Anspruch ist begründet“.

126) S. unten S. 37 (Teilurteil)! RG. JW. 1905, 728 (22).

127) RGE. 13, 405; 16, 385; Gruch. 41, 179, 183; JW. 1896, 397 (3); Petersen, § 304 N. 2, Wilm Levy, § 276 N. 2.

128) RGE. 64, 344.

129) RGE. 52, 27.

hierwegen eine Revision nicht begründet. — Wird die Entscheidung über eine Aufrechnungseinrede nach § 302 vorbehalten, so hat die Vorabentscheidung im Urteilsspruch einen Vorbehaltsvermerk zu enthalten. Dieser Vorbehalt ist auch in das Endurteil aufzunehmen, denn dieses ergeht auf Grund der Vorabentscheidung, also gleichfalls unter Vorbehalt[130]. — Für zulässig gilt in der Praxis auch ein Vorbehalt darüber, ob Kapitalsabfindung oder Rente gewährt werden soll[131], ferner ein Vorbehalt über die Zeit der Rente[132].

Die Vorabentscheidung ist gebührenpflichtige Entscheidung im Sinne des § 18 Ziff. 3 GKG., was von Bedeutung wird, wenn die Klage vor Erlaß des Endurteils zurückgenommen wird. Wird in der Folge Endurteil erlassen, so ist § 28 GKG. zu beachten.

Eine Kostenentscheidung kann in der Vorabentscheidung der Natur der Sache nach nicht getroffen werden[133]. Denn das Bejahen des Anspruchsgrundes hat, wie unten S. 56 f. näher ausgeführt ist, das Obsiegen des Klägers nicht notwendig zur Folge; er kann vielmehr im Streit um die Höhe seines Anspruchs immer noch ganz oder teilweise unterliegen. Nur in ganz besonderen Fällen wird bereits für die Vorabentscheidung eine Kostenentscheidung zulässig sein, nämlich dann, wenn der Beklagte die Erfolglosigkeit seiner Einwendungen gegen den Grund deutlich einsehen mußte (§ 96 ZPO.), so daß der Streit über den Grund als durch den Beklagten mutwillig veranlaßt

---

130) S. oben S. 27, unten S. 60!

131) RG. JW. 1908, 558 (21).

132) RGE. 13, 390.

Zu 131 und 132: Ein Vorbehalt über die beregten Streitpunkte ist allerdings zulässig, aber völlig überflüssig, denn der eine Streitpunkt betrifft die Art und Weise der Leistung (s. S. 31), der andere den Umfang derselben (s. S. 30). Würden sie wirklich den Grund des Anspruchs betreffen, so wäre ein Vorbehalt unzulässig, da er nicht wie bei der Aufrechnungseinrede (§ 302) ausdrücklich gestattet ist.

133) RGE. 13, 390; Seuffert, § 304 N. 2, Gaupp-Stein, § 304 N. II, Petersen, § 91 N. 3c, § 304 N. 2.

erscheint[134]). — Ein Vorbehalt, wonach die Kostenentscheidung dem Endurteil verbleibt, ist im Urteilsspruch der Vorabentscheidung vielfach üblich, jedoch überflüssig. — Ist in der Vorabentscheidung zulässiger Weise oder zwar unzulässiger Weise, aber rechtskräftig auch über den Kostenpunkt entschieden worden, so müssen die durch die Vorabentscheidung entstandenen Gebühren und Auslagen ermittelt werden[135]). Dabei ist als Streitwert der Wert des Klaganspruchs anzusetzen[136]); ohne Belang ist der später verringerte oder der wirklich zugesprochene Betrag.

II. Was die verschiedenen Urteilsunterarten anlangt, so gibt es für die Vorabentscheidung mannigfache Möglichkeiten.

1. Die Vorabentscheidung kann als erst-, zweit- oder drittinstanzielles Urteil ergehen. Während aber für die erste Instanz niemals ein Zwang besteht, muß das Berufungs-, bezw. das Revisionsgericht unter Umständen eine Vorabentscheidung über den Grund erlassen[137]).

2. Zulässig ist der Erlaß einer Vorabentscheidung als Teilurteil[138]). Denn wie wir ja bereits oben S. 21 gesehen haben, ist für den Erlaß einer Vorabentscheidung nicht Voraussetzung, daß der Anspruch seinem ganzen Umfang nach entscheidungsreif ist. Über bloße Nebenforderungen (im Sinne des § 4 ZPO.) kann ein Teilurteil nicht erlassen werden[139]). — Wird die Vorabentscheidung als Teilurteil erlassen, so ist auf eine genaue Bezeichnung des Teils zu achten, mit welchem sich die Vorabentscheidung befaßt[140]). Denn nur soweit dies der Fall ist, äußert die Vorabentscheidung Wirksamkeit, wogegen das Gericht

---

134) RGE. 13, 413; JW. 1885, 242 (5); Struckm K., § 304 N. 5; Wilm Levy, § 276 N. 4.

135) OLG. Jena, Thür. Blätter für Rechtspflege, 45, 273 ff.

136) BayerOLGE. (a. F.) 17, 154; Rittmann, Wert des Streitgegenstands, § 208, § 233 Ziff. 3.

137) S. unten S. 73 und S. 91!

138) Siehe die bei Neukamp, § 304 N. 2b zitierte Entscheidung!

139) Schmidt B., a. a. O. S. 795.

140) Vgl. oben S. 35!

bezüglich des übrigen Teils an die Vorabentscheidung nicht gebunden ist[141]). Es kann daher sehr leicht zu Unstimmigkeiten führen, wenn der Urteilsspruch abgefaßt ist wie folgt: „Der Anspruch auf Ersatz des Schadens, der dem Kläger durch …… entstanden ist, wird dem Grunde nach für gerechtfertigt erklärt"[142]). Hat das Gericht nur über einen Teil des Anspruchs nach § 304 entschieden, so kann es bei Erlaß einer weiteren Vorabentscheidung (über den Rest) auf die Entscheidungsgründe der zuerst erlassenen Vorabentscheidung verweisen[143]). Dies ist auch bei mehreren selbständigen Ansprüchen zulässig, wenn sie aus demselben Tatbestand entspringen. —

3. Auch als bedingtes Zwischenurteil (Eidesurteil) kann die Vorabentscheidung ergehen[144]). Dabei ist in der Weise zu verfahren, daß zunächst durch Eidesurteil der schwurpflichtigen Partei der Eid aufgegeben und für den Fall der Leistung (bezw. Nichtleistung) die Bejahung des Anspruchgrundes, für den entgegengesetzten Fall die Abweisung der Klage in Aussicht gestellt wird. Ohne praktischen Wert ist die Frage, ob ein solches bedingtes Urteil, in welchem für den einen Fall die Klagsabweisung zu erwarten ist, während im anderen Fall lediglich bestimmte Tatsachen als erwiesen betrachtet werden (und demgemäß der Anspruchsgrund als gerechtfertigt erklärt wird), in seiner Gesamtheit als Endurteil aufzufassen ist, obwohl es sich

141) Siehe unten S. 50!

142) RGE. 60, 313 f.

143) RGE. 56, 35; 63, 195; Seuffert, § 304 N. 3.

144) So Seuffert, § 304 N. 3 und ZtschZPr. 7, 20 ff., wo er die Zulässigkeit der bedingten Vorabentscheidung in tiefgründiger Weise aus Zweckmäßigkeitserwägungen („Frustrierung der Betragsverhandlung") ableitet; Gaupp-Stein, § 304 N. I 3, Petersen, § 304 N. 2, Struckm.K., § 304 N. 1, Förster, § 304 N. 1a, Neukamp, § 304 N. 2b, Weismann, Lehrb. 1, 323 und 381, SchmidtB., a. a. O. S. 790, Marwitz, Urteil S. 45 f., Schneider, ZtschRpfl. 4, 32, Meyer, ZtschZPr. 16, 533, Rocholl, Rechtsfälle 2, 439; WilmLevy, § 276 N. 2, der die Zulässigkeit aus theoretischen Gründen verneint, aus praktischen bejaht. — RGE. 6, 427 ff., 430 ff., 8, 360, 42, 348 ff., JW. 1898, 503 (11), 1899, 33 (17), Gruchot 33, 1167. — A. M.: Haas, Gruch. 34, 351 ff.

nicht nach jeder Richtung als Endurteil darstellt. M. E. ist das Urteil weder ausschließlich als bedingtes Endurteil[145]) noch auch ausschließlich als bedingtes Zwischenurteil anzusehen; es ist vielmehr eine Kombination der beiden. Soviel ist jedenfalls klar, daß das Urteil seinem ganzen Umfange nach selbständig anfechtbar ist.

Die Form, in welcher das bedingte Endurteil ergeht, kann z. B. lauten:

I. Der Kläger hat den Eid zu leisten, es sei wahr, daß ....

II. Schwört der Kläger den Eid nicht, so wird die Klage abgewiesen.

III. Schwört der Kläger den Eid, so wird der Anspruch des Klägers (auf Zahlung von . . . . Schadensersatz) dem Grunde nach für gerechtfertigt erklärt. —

Ist das Eidesurteil rechtskräftig geworden, so kann sofort zur Eidesabnahme geschritten werden (§§ 460 ff., 478 ff. ZPO.). In § 461 II ZPO. ist zwar für den Fall, daß auf die Eidesleistung durch bedingtes Zwischenurteil erkannt wurde, bestimmt, daß die Eidesleistung erst dann zu erfolgen habe, wenn in der Folge ihre Erheblichkeit für den Prozeß durch bedingtes Endurteil bestätigt wird. Allein diese Vorschrift findet auf ein Zwischenurteil nach § 304, das infolge seiner selbständigen Anfechtbarkeit anderen Zwischenurteilen gegenüber eine Sonderstellung einnimmt, keine Anwendung[146]). Denn während das gewöhnliche Zwischenurteil nicht für sich allein, sondern lediglich mit dem Endurteil angefochten werden kann, erfordert bei einem Zwischenurteil nach § 304 sein Zweck, daß es vor Verhandlung über den Betrag gesonderter Rechtskraft fähig werde. Dieser Zweck besteht für eine bedingte Vorabentscheidung genau so, wie für eine unbedingte. Folglich muß auch bei der bedingten Vorabentscheidung, wofern man nicht ihre Zulässigkeit überhaupt in Abrede stellen will, die Möglichkeit bestehen, ihre Rechtskraft

---

145) RGE. 6, 424.

146) Seuffert, § 461 N. 1c und ZtschZPr. 7, 21 f., Gaupp-Stein, § 461 N. I 3, Petersen, § 304 N. 2, Planck, Lehrb. II 321 f., Schmidt B., a. a. O. S. 807. — RGE. 42, 349, SA. 54 N. 121.

vor Erlaß eines Endurteils herbeizuführen. Man muß annehmen, daß das Gesetz unter den bedingten Zwischenurteilen die bedingte Vorabentscheidung nach § 304 nicht mitinbegriffen wissen will und zwar deswegen, weil es die Vorabentscheidung nach § 304 in Ansehung der Rechtsmittel den Endurteilen gleichgestellt hat. Mithin ist die bedingte Vorabentscheidung über den Grund ebenso zu behandeln wie ein bedingtes Endurteil und es hätte, wenn das Gesetz hier die Vorabentscheidung den Endurteilen gegenüber anders hätte behandeln wollen, einer ausdrücklichen Regelung bedurft.

Ist der Eid geleistet, bezw. verweigert worden, so hat das sog. Läuterungsurteil zu ergehen, worin endgültig und unbedingt der Anspruch für begründet zu erklären oder die Klage abzuweisen ist[147]). Erst wenn das Läuterungsurteil rechtskräftig geworden ist, kann von einer rechtskräftigen Vorabentscheidung die Rede sein.

4. Über den Grund des Anspruchs kann auch im schiedsrichterlichen Verfahren eine Vorabentscheidung erlassen werden[148]).

5. Unzulässig ist der Erlaß einer Vorabentscheidung als Versäumnisurteil[149]).

Ist eine Beschränkung der Verhandlung auf den Grund überhaupt nicht erfolgt, so ist ohne weiteres klar, daß bei Säumnis des Beklagten nicht bloß der Grund des Anspruchs zu bejahen, sondern sofort über den ganzen Anspruch durch Versäumnis-Endurteil zu entscheiden ist. Ebenso ist bei Säumnis des Klägers nicht eine negative Vorabentscheidung zu erlassen, zumal ja eine solche bereits aus anderen Gründen unzulässig ist[150]). Als „Verhandlung über einen Zwischenstreit" kann das Vorabent-

---

147) Siehe hierzu die Kommentare bei § 462 ZPO.!

148) RGE. 69, 56.

149) RGE. 36, 428. — Seuffert, § 304 N. 3, Gaupp-Stein, § 304 N. I 3, Petersen, § 304 N. 2, Troll, Vers.-Urt., S. 130.

150) Siehe oben S. 33 f.!

scheidungsverfahren nicht angesehen werden[151]); § 347 II ZPO. findet deshalb keine Anwendung.

Aber auch wenn die Verhandlung nach § 146 auf den Grund des Anspruchs beschränkt worden ist, hat das Gericht bei Säumnis des Beklagten nicht ein den Anspruchsgrund betreffendes Versäumniszwischenurteil zu erlassen, sondern ein Endurteil[152]). Denn der Rechtsstreit unterliegt auch nach der Verhandlungsbeschränkung der Beurteilung des Gerichts zu jeder Zeit seinem vollen Umfange nach und der Grundsatz, daß der Prozeß, soweit er entscheidungsreif ist, entschieden werden muß, gilt auch für den Termin, in welchem nur über den Grund verhandelt werden soll. Durch das Ausbleiben des Beklagten wird aber der Streit seinem ganzen Umfang nach entscheidungsreif; denn da eine auf den Anspruchsgrund beschränkte Verhandlung infolge der Abwesenheit des Beklagten nicht zustande kommt, so darf der Kläger nicht nur hinsichtlich des Grundes, sondern auch hinsichtlich des Betrages Behauptungen vorbringen, die, soweit sie Tatsachen betreffen, als zugestanden anzusehen sind. — Wird nach Anordnung einer beschränkten Verhandlung der Kläger säumig, so hat klagabweisendes Endurteil aus den gleichen Gründen zu ergehen, wie wenn keine Verhandlungsbeschränkung angeordnet wurde.

6. Eine für die ordentlichen Gerichte bindende Vorabentscheidung über einen Krankenversicherungsanspruch kann nicht im Wege eines aufsichtsbehördlichen Vorbescheids zustande kommen[153]). Es kann zwar sein, daß die Aufsichtsbehörde über den Anspruch zunächst nur seinem Grunde nach entscheidet und daß diese Entscheidung rechtskräftig wird, daß ferner auch ein behördlicher Bescheid über den Betrag ergeht, gegen

---

151) So Seuffert, § 304 N. 3, Petersen, § 304 N. 2, Wilmowski-Levy, § 276 N. 2, Hellmann, Lehrb. S. 316, Fitting, Lehrb. S. 381. — A. M.: Endemann, Lehrb. II 106.

152) So Gaupp-Stein, § 304 N. I 3, Struckmann-K., § 304 N. 1. — A. M.: Schneider, ZtschRpfl., 4, 31 f., Sydow-B., 8. Aufl. § 331.

153) RGE. 36, 169 f.

den der Rechtsweg beschritten wird; allein die Prüfung des Anspruchgrundes ist dem Gericht damit nicht entzogen. Denn die Entscheidung der Aufsichtsbehörde hat sich nicht auf Vorfragen zu beschränken, sondern auf den ganzen Anspruch zu erstrecken und die Beteiligten brauchen, um sich gegen die Rechtskraft der behördlichen Entscheidung zu verwahren, den Rechtsweg nicht zu betreten, solange nicht über den ganzen Anspruch entschieden ist. § 304 ZPO. auf den behördlichen Vorbescheid entsprechend anzuwenden und ihm selbständige Anfechtbarkeit mit allen sich daraus ergebenden Wirkungen zuzuschreiben, ist nicht statthaft.

III. Wäre die Vorabentscheidung über den Grund des Anspruchs nur ein gewöhnliches Zwischenurteil, so wäre sie nicht selbständig, sondern erst mit dem Endurteil anfechtbar (§§ 512, 548 ZPO.). Damit überhaupt eine für das nachfolgende Verfahren grundlegende Entscheidung zustande kommen kann, muß die Vorabentscheidung gesonderte Rechtskraft erlangen können. Vom Gesetz ist deshalb durch das Ausdrucksmittel der Fiktion[154]) erklärt, daß die Vorabentscheidung „in Betreff der Rechtsmittel als Endurteil anzusehen" sei[155]). Hieraus folgt nicht bloß, daß die Vorabentscheidung selbständig angefochten werden kann, sondern auch, daß sie selbständig angefochten werden muß. Ein gegen das Endurteil gerichtetes Rechtsmittel ist der Natur der Sache nach ungeeignet, den Bestand der Vorabentscheidung anzugreifen[156]), eben weil die Rechtskraft der Vorabentscheidung von der Rechtskraft des Endurteils in keiner Weise abhängig ist.

Mit Rücksicht auf diese Sonderbehandlung der Vorabentscheidung ist es von größter Bedeutung, zu wissen, wann überhaupt eine Vorabentscheidung nach § 304 vorliegt, und insbesondere, wodurch sie sich von den gewöhnlichen Zwischenurteilen nach § 303 unterscheidet.

---

154) Wach, Handbuch S. 304.
155) Vgl. hierzu RGE. 73, 164.
156) Petersen, § 304 N. 4.

Das maßgebende Charakteristikum hierfür ist der Wille des Gerichts[157]). So, wie das Gericht sein Urteil (erkennbarer Weise) auffaßte und aufgefaßt wissen wollte, so muß und darf es auch von den Parteien aufgefaßt werden. Denn die Parteien haben nicht zu prüfen, was das Urteil objektiv, seinem Gehalt nach, ist, sondern was es subjektiv, nach der eigenen Bezeichnung, nach der Meinung und Absicht des Gerichts, ist[158]).

Für die Prüfung der Frage, was für ein Urteil das Gericht erlassen wollte, kommt zunächst und, sofern es für eine bestimmte Auffassung ausreicht, ausschließlich das Urteil in Betracht[159]), ebenso, wie der Wille des Gesetzgebers zunächst und, wenn ausreichend, ausschließlich aus dem Gesetz zu erforschen ist. Denn gleich dem Gesetz ist auch das gerichtliche Urteil ein von dem Willen seines Erlassers losgelöstes Produkt, das sozusagen seinen eigenen Willen hat und womöglich aus sich selbst heraus verstanden und erklärt werden muß. So wenig es den klaren Sinn eines Gesetzes, das abstrakte, generelle Rechtsnormen aufstellt, zu ändern vermag, daß der Gesetzgeber mit dem Gesetzestext etwas anderes besagen wollte, als er nach allgemeinem Verständnis und Sprachgebrauch wirklich gesagt hat, ebensowenig vermag es den Charakter eines Urteils, das als eine konkrete, spezielle Rechtsnorm aufgefaßt werden kann, zu ändern, das der Richter vielleicht ein anderes Urteil erlassen wollte, als es das erlassene Urteil nach dessen eigenen zweifelsfreien Angaben wirklich ist. Charakteristische Anhaltspunkte hierfür sind insbe-

---

157) Siehe Gaupp-Stein, Vorbemerkung III vor § 511. In Widerspruch damit steht die Bemerkung zu § 304 N. II, wo gesagt ist: „Voraussetzung der selbständigen Anfechtbarkeit ist an sich, daß das Urteil den Erfordernissen des § 304 entspricht, da anderenfalls ein einfaches Zwischenurteil nach § 303 vorliegt".

A. M.: Förster, § 304 N. 2, der einzig und allein die objektiven Merkmale, also das tatsächliche Vorliegen der gesetzlichen Voraussetzungen für ausschlaggebend hält.

158) Siehe Gaupp-Stein, Vorbemerkung III vor § 511; Weismann, Lehrb. 1, 222.

159) Wilmowski-Levy, § 276 N. 2, RG. Gruchot 51, 197.

sondere der Urteilsspruch und die angeführten Gesetzesparagraphen, wobei natürlich eine bloße Paragraphenverwechslung an dem Urteilscharakter nichts zu ändern vermag. — Erst dann, wenn aus dem Urteil allein seine Natur nicht einwandfrei festgestellt werden kann, kommen anderweitige Hilfsmittel, die einen Schluß auf die Absicht des Gerichts beim Urteilserlaß gestatten, in Betracht. Von Bedeutung sind hier namentlich die Maßnahmen, die vom Gericht nach Erlaß des Urteils getroffen werden; denn darin gibt sich die Auffassung, die das Gericht von seinem Urteil hat, am deutlichsten kund.

Hiernach ist ein Zwischenurteil, in welchem das Gericht über den Grund des Anspruchs nach § 304 vorab entscheiden wollte, selbständig anfechtbar, auch wenn die Voraussetzungen für eine Vorabentscheidung über den Grund nicht oder nicht sämtlich gegeben waren und somit nicht ein Zwischenurteil nach § 304, sondern vielleicht nur ein gewöhnliches Zwischenurteil nach § 303 erlassen werden durfte[160]).

Umgekehrt wird eine als gewöhnliches Zwischenurteil nach § 303 erlassene Entscheidung nicht dadurch zur selbständig anfechtbaren Vorabentscheidung nach § 304, daß sie die sämtlichen Voraussetzungen für eine Vorabentscheidung über den Anspruchsgrund enthält und sonach auch nach § 304 hätte erlassen werden können[161]). — Das Reichsgericht und mit ihm verschiedene Autoren[162]) sind hier allerdings anderer Meinung: sie halten eine Vorabentscheidung nach § 304 für gegeben sowohl, wenn das Gericht eine Zwischenentscheidung nach § 304 erlassen wollte,

160) Seuffert, § 304 N. 3, Gaupp-Stein, vor § 511 N. III 3, Wilmowski-Levy, § 276 N. 2. — A. M.: Hagemann, ZtschZPr. 12, 359 ff., Förster, § 304 N. 2, aus dem S. 43 N. 157 angegebenen Grunde. — RGE. 6, 421, 431; 8, 363; 13, 403; 65, 300; JW. 1894, 196 (12); BayerOLGE. (a. F.) 17, 391.

161) Gaupp-Stein, vor § 511 N. III 3, Wilmowski-Levy, § 276 N. 2; RG. JW. 1895, 8 (17).

162) RGE. 39, 389, 391; 72, 222; JW. 1900, 439 (7), 1907, 337 (18), 1909, 112 (8). — Seuffert, § 304 N. 3 (der zwar die Entscheidung des RG. JW. 1909, 337 (18) bekämpft, jedoch aus einem anderen Grunde), Förster, § 304 N. 2.

als auch dann, wenn es — irrtümlich oder bewußt[163]) — eine inhaltlich dem § 304 entsprechende Entscheidung auf Grund des § 303 erlassen hat. — Die Richtigkeit dieser Ansicht muß bestritten werden. Denn wenn der Wille des Gerichts einem Urteil den Charakter eines qualifizierten Zwischenurteils nach § 304 geben kann, so muß er ihm auch den Charakter eines gewöhnlichen Zwischenurteils nach § 303 geben können[164]). Warum das einemal subjektive, das anderemal objektive Merkmale bestimmend sein sollen, wird sich schwer begründen lassen. — Scharf zu sondern von der Frage, ob ein Urteil nach §§ 304 oder 303 erlassen worden ist, ist die Frage, ob das Urteil nach § 303 statt nach § 304 erlassen werden durfte. Die Meinung, daß das Gericht bei völliger Entscheidungsreife des Grundes auch mit Wissen und Willen kein bloßes Zwischenurteil nach § 303 erlassen könne[165]), dürfte kaum haltbar sein; die ratio legis des § 304 spricht jedenfalls nicht dafür. Irgendwelche Pflicht zum Erlaß einer selbständig anfechtbaren Vorabentscheidung über den Grund ist in § 304 nicht statuiert; man wird daher wohl annehmen dürfen, daß dem Gericht auch die Entscheidung nach § 303 freisteht[166]).

Ist ein Urteil zu Unrecht nach § 304 statt nach § 303 erlassen worden, so muß ihm zwar der Charakter einer Vorabentscheidung über den Anspruchsgrund genommen werden; das Berufungs-

---

163) RGE. 39, 390; JW. 1895, 8 (17).

164) Nach Seuffert, ZtschZPr. 7, 21 ist die Möglichkeit, über den Grund des Anspruchs durch ein Zwischenurteil nach § 303 zu entscheiden, selbstverständlich; ebenso Förster, § 304 N. 1 a (unter Bezugnahme auf Seuffert). — Nach Kleinfeller, Krit. Vierteljahrsschrift 45, 46 und Lehrb. S. 239, läßt sich der Gegenstand eines Zwischenurteils nach § 304 in keiner Weise unter § 303 unterordnen. — Auch Gaupp-Stein, § 304 N. II hält eine Entscheidung über den Grund durch gewöhnliches Zwischenurteil für unzulässig.

165) Siehe Note 163!

166) Vgl. zu diesem Abschnitt:

a) den analogen Fall, wann ein Urteil als Teil-, bezw. Zwischenurteil anzusehen ist (RGE. 21, 341 ff.);

b) den analogen Fall, wann ein Urteil als Versäumnisurteil anzusehen ist (RGE. 39, 413).

gericht kann aber gleichzeitig das Urteil als gewöhnliches Zwischenurteil aufrecht erhalten[167]).

Wird ein Anspruch als begründet festgestellt, bezüglich dessen im vorliegenden Prozesse eine Entscheidung über den Betrag überhaupt nicht erfolgen soll, so liegt nach der Ansicht des Reichsgerichts ein Endurteil vor[168]).

IV. Wird die Vorabentscheidung über den Anspruchgrund angefochten, so wird der Rechtsstreit, insoweit er die Frage des Anspruchgrundes betrifft, in die II. Instanz devolviert; im übrigen, d. i. (regelmäßig) bezüglich der Frage des Betrags bleibt er in der I. Instanz; er ist also gleichzeitig bei mehreren Instanzen anhängig, aber in verschiedenen Teilen.

Mit der Vorabentscheidung sind auch diejenigen nicht selbständig anfechtbaren Zwischenurteile anzufechten, welche vor der Vorabentscheidung nach § 304 etwa erlassen worden sind und sich auf den Grund des Anspruchs beziehen[170]). Das Gericht ist an sie bei Erlaß der Vorabentscheidung gemäß § 318 gebunden.

Soll eine Vorabentscheidung nach § 304 angefochten werden, so muß erst durch Zustellung an den Gegner der Lauf der Rechtsmittelfrist bewirkt werden (§ 516 ZPO.).

1. Ist die Vorabentscheidung in I. Instanz erlassen worden, so kann sie innerhalb eines Monats von der Zustellung an mit Berufung angefochten werden. Die Rüge kann sich auf tatsächliche wie rechtliche Irrtümer, soweit diese den Grund des Anspruchs betreffen, gestützt sein und ist an eine summa appellabilis nicht gebunden; das Vorbringen neuer Tatsachen ist statthaft.

2. Eine in II. Instanz von einem Oberlandesgericht erlassene Vorabentscheidung ist mit Revision anfechtbar. Die

---

167) RG. JW. 1906, 26 (27).

168) RG. JW. 1896, 282 (6), Gruchot 50, 1185. — Ebenso Petersen, § 304 N. 2. (Auch hier ist nicht der subjektive, sondern der objektive Charakter des Urteils für maßgebend erklärt!) — Vgl. auch RG. JW. 1888, 68 (10); Wilm Levy, § 276 N. 3.

169) RGE. 5, 424; 15, 355.

170) Hergenhahn, Archiv für zivile Praxis 79, 122.

Rüge kann sich nur auf eine Gesetzesverletzung stützen (§ 549 ZPO.); ein neues tatsächliches Vorbringen ist unzulässig. Regelmäßige Voraussetzung ist ein den Betrag von 4000 Mk. übersteigender Wert des Beschwerdegegenstandes, welcher bei der Vorabentscheidung stets mit dem Wert des Anspruchs zusammenfällt, da die Vorabentscheidung nicht eine teilweise Erledigung des Anspruchs bildet[171]).

Der Grundsatz der relativen Rechtskraftwirkung ist auch bei der gegen eine Vorabentscheidung nach § 304 gerichteten Berufung, bezw. Revision zu beachten. Die Feststellungen der Vorabentscheidung gelten also gegenüber derjenigen Prozeßpartei, welche sich bei ihr beruhigt hat, und die Vorabentscheidung ist — abgesehen von den ex officio zu berücksichtigenden Mängeln — nur insoweit aufzuheben oder abzuändern, als von einer Partei Beschwerde geführt wird[172]).

3. Auch die Nichtigkeits- und die Wiederaufnahmeklage ist gegen die Vorabentscheidung nach § 304 zulässig[173]). Aus der Bestimmung des § 304, wonach die Vorabentscheidung „in Betreff der Rechtsmittel als Endurteil anzusehen" ist, kann zunächst allerdings nur die Zulässigkeit der Anfechtung mit Berufung und Revision gefolgert werden; denn nur diese bezeichnet die ZPO. als „Rechtsmittel"[174]). Es würde indes zu absurden, vom Gesetzgeber sicherlich nicht gewollten Konsequenzen führen, wollte man daraus die Unzulässigkeit der Nichtigkeits- und der Wiederaufnahmeklage herleiten. Es könnte dann, nach Rechtskraft der Vorabentscheidung und des Endurteils, nur mehr das Endurteil im Wege der §§ 579, 580 angefochten und aus der Welt geschafft werden; Anfechtungsgründe, welche die Vorabentscheidung beträfen, könnten dabei

---

171) Vgl. hierzu S. 21 und S. 37!

172) RGE. 13, 405 f.

173) Seuffert, § 578 N. 1 (wenn auch nach einigem Bedenken), Gaupp-Stein, § 304 N. II, § 578 N. I, Struckm K., § 578 N. 3, Wilm Levy, § 276 N. 3, Förster, § 304 N. 3, Petersen, § 578 N. 1. — RGE. 35, 412 (= SA. 51 N. 300).

174) Siehe die Überschrift des 3. Buches der ZPO.!

nicht geltend gemacht werden, denn § 583 ZPO. findet auf die dem Endurteil vorausgegangenen selbständig anfechtbaren Entscheidungen nach der herrschenden Lehre keine Anwendung. Aber auch wenn man § 583 auf die Vorabentscheidung nach § 304 anwenden würde, wäre der Mangel der selbständigen Anfechtbarkeit durch die Nichtigkeits- und die Wiederaufnahmeklage nicht gänzlich behoben. Denn auch dann könnte mit dem Endurteil nur eine in der gleichen oder unteren Instanz erlassene Vorabentscheidung angefochten werden; eine nach § 538 Ziff. 3 ZPO. erst in der Oberinstanz erlassene Vorabentscheidung, auf Grund deren das Endurteil nach erfolgter Zurückverweisung von der unteren Instanz erlassen wird, wäre auch nach § 583 mit dem Endurteil nicht anfechtbar[175]). Daß es nicht in der Absicht des Gesetzgebers gelegen ist, die Vorabentscheidung nach § 304 in irgend einem Falle der Anfechtung aus §§ 579, 580 zu entziehen, liegt auf der Hand. Denn welcher vernünftige Grund sollte dafür bestanden haben, die Parteien eines so wichtigen Rechtsbehelfes, wie es die Nichtigkeits- und die Wiederaufnahmeklage ist, zu berauben, einzig und allein deswegen, weil die Entscheidung über den Anspruchsgrund aus dem Endurteil antizipiert wurde? Warum sollen die erwähnten außerordentlichen Rechtsmittel, die bezüglich des Anspruchgrundes zulässig wären, wenn über ihn im Endurteil entschieden worden wäre, unzulässig sein, weil das Endurteil in zwei Bestandteile zerlegt und über den Grund vorab entschieden worden ist? Man wird mit Rücksicht hierauf und im Hinblick auf die mehrfache Bedeutung des Begriffs „Rechtsmittel“ wohl anzunehmen haben, daß er in § 304 in seiner erweiterten Bedeutung gebraucht, daß mithin auch die Nichtigkeits- und die Wiederaufnahmeklage darin mitinbegriffen ist[176]).

4. Zulässig ist auch eine spätere Berichtigung der Vorabentscheidung nach § 319 ZPO. und eine spätere Er-

175) Seuffert, § 578 N. 1, Struckm K., § 578 N. 3.

176) Für die Zulässigkeit der außerordentlichen Rechtsmittel auch RGE. 35, 412, jedoch mit anderer Begründung.

gänzung nach § 321 ZPO. Mit Recht wird zwar angenommen, daß § 321 auf (gewöhnliche) Zwischenurteile keine Anwendung finden könne, weil in ihnen über den Anspruch selbst nicht entschieden wird und weil eine Ergänzung des (gewöhnlichen) Zwischenurteils im Endurteil stattfinden kann. Anders ist es aber bei dem (qualifizierten) Zwischenurteil nach § 304, welches durch die Entscheidung über den Anspruchsgrund den Anspruch selbst unmittelbar berührt und durch das Endurteil in keiner Weise verändert werden kann[177]).

5. Einreden, welche erst nach Verkündung der Vorabentscheidung entstanden sind und durch ein dagegen eingelegtes Rechtsmittel nicht mehr geltend gemacht werden können, dürfen, auch wenn sie den Anspruchsgrund betreffen, im Nachverfahren noch vorgebracht werden[178]). Dies folgt daraus, daß über den Anspruch selbst noch nicht entschieden ist und daß den Grund betreffende Einreden durch den Erlaß der Vorabentscheidung nur insoweit für den ja noch nicht beendigten Prozeß ausgeschlossen werden können, als sie bei deren Erlaß überhaupt schon bestanden haben. Die Behauptung, daß damit dem Vorbringen ungezählter Einreden gegen den Grund Tür und Tor geöffnet sei, ist unrichtig; denn zum Wesen der nunmehr gegen den Grund zulässigen Einreden gehört ja die Eigenschaft, daß sie erst nach der Rechtskraft der Vorabentscheidung entstanden sind.

V. Ist der Instanzenzug erschöpft oder eine Anfechtung des Urteils während der Rechtsmittelfrist nicht erfolgt, so erlangt die Vorabentscheidung über den Anspruchsgrund formelle

---

177) Petersen, § 321 N. 4. — A. M.: SkonG., § 304 N. 6d, SydowB., § 304 N. 5.

178) Seuffert, § 304 N. 4, Gaupp-Stein, § 304 N. III, Petersen, § 304 N. 4, StruckmK., § 304 N. 4, WilmLevy, § 276 N. 3, Franke, ZtschZPr. 6, 86, Struckmann, ZtschZPr. 6, 411, Schneider, ZtschRpfl. 4, 32. — RG. JW. 1903, 291 (8), anscheinend auch RG. Gruchot 39, 441; OLG. Hamburg, SA. 52, 457 f. — A. M.: Haas, Gruchot 34, 344 ff. und SchmidtB., Gruchot 47, 814 f., die beide zwischen materiellrechtlichen und prozessualen Einreden unterscheiden und nur die letzteren, wenn sie nachträglich entstanden sind, zulassen wollen.

Rechtskraft, d. h. die Vorabentscheidung kann im Wege des ordentlichen Rechtsmittelverfahrens nicht mehr aufgehoben werden.

Das die Vorabentscheidung erlassende Gericht ist indes nicht erst mit der Rechtskraft der Vorabentscheidung, sondern bereits mit deren Erlaß an dieselbe gebunden (§ 318 ZPO.)[179]. Das Gericht ist auch an die in der Vorabentscheidung enthaltene Beurteilung der Prozeßvoraussetzungen[180] gebunden, sofern sich nicht in tatsächlicher Beziehung eine Änderung ergeben hat. Das Bestehen des Anspruchgrundes kann in der I. Instanz auch von den Parteien nicht mehr bestritten werden.

Die Bindung des Gerichts und der Parteien durch den Erlaß, bezw. die formelle Rechtskraft der Vorabentscheidung erstreckt sich nur soweit, als sich die Vorabentscheidung mit dem Anspruch befaßt. Wird ein nach § 304 beschiedener Anspruch später erweitert, so hat die Vorabentscheidung auf den später geltend gemachten Teil keine Wirkung, obwohl bei ihm der Grund des Anspruchs derselbe ist wie beim ersten Teil, obwohl also konsequenterweise die einmal gefällte Entscheidung auch für den zweiten Teil gelten sollte[181]. Es ist das die Folge eines gewissen Formalismus in unserem Zivilprozeßrecht, der wohl bei Laien manchmal Kopfschütteln erregt, prinzipiell aber keineswegs zu verwerfen ist, weil das Gericht so verhindern kann, daß eine einmal gefällte unrichtige Entscheidung eine Reihe falscher Folgerichtigkeiten nach sich ziehe. Für das Gericht besteht also kein Zwang, die Vorabentscheidung ohne Prüfung ihrer materiellen Richtigkeit auf den später geltend gemachten Teil des Anspruchs auszudehnen; das Gericht hat vielmehr das Bestehen des Anspruchgrundes von neuem zu prüfen und kann dabei trotz der Vorabentscheidung zu einem verneinenden Resultat kommen[182].

---

179) RG. SA. 50 N. 214, Gruchot 39, 442, Recht 1900, 518 (820), WilmLevy, § 276 N. 3.

180) Siehe oben S. 22!

181) RGE. 28, 425; 56, 35; 71, 359; SA. 50 N. 52, JW. 1899, 161 (5), 1903, 291 (8). — Struckm K., § 304 N. 4. — A. M.: Mayer, Anspruch und Rechtskraft, S. 50 N. 1.

182) Vgl. hierzu auch S. 37!

Weil durch die Vorabentscheidung ein endgültiger Rechtsschutz noch nicht gewährt, eine endgültige Entscheidung vielmehr nur vorbereitet wird, weil somit auch nicht von einer teilweisen Beilegung des Rechtsstreits die Rede sein kann, wohnt der Vorabentscheidung eine materielle Rechtskraft nicht inne[183]). Die in ihr enthaltene Feststellung ist nicht von der Wirkung eines wirklichen Feststellungsurteils begleitet; denn die Bedeutung der Vorabentscheidung nach § 304 erstreckt sich über den Prozeß nicht hinaus. Eine lediglich im Wege des § 304 erfolgte Feststellung des Anspruchgrundes (also ohne nachfolgendes Endurteil) ist sonach nicht imstande, den Anspruch mit der dreißigjährigen Frist des § 218 BGB. auszustatten[184]). Aus der Vorabentscheidung nach § 304 kann auch niemals die Einrede der rechtskräftig entschiedenen Sache (exceptio rei indicatae) abgeleitet werden[185]). Auch von einer Vollstreckbarkeit kann keine Rede sein, da ja die Vorabentscheidung lediglich eine Feststellung zum Gegenstand hat[186]). — Von Bedeutung ist die Vorabentscheidung, wie schon bemerkt, nur für den Prozeß, in dem sie ergangen ist, nicht aber für einen anderen Prozeß. Wird nach Erlaß einer Vorabentscheidung über den Anspruchsgrund

---

183) RGE. 15, 355 (ungenau RG. JW. 1904, 493 (21)), welches zwar sachlich das Richtige meint, aber von einer „Rechtskraftwirkung" der Vorabentscheidung spricht. — Petersen, § 304 N. 4, Struckmann Koch, § 304 N. 1, Förster, § 304 N. 3, Endemann, II 106, Wilm Levy, § 276 N. 3, Wach, Vorträge, S. 146 f., Mayer, Anspruch und Rechtskraft, S. 50, Haas, Gruchot 34, 339, der deswegen die Vorabentscheidung vor Erlaß des Endurteils „einen materiell bedeutungslosen Embryo" nennt; Schmidt B., Gruchot 47, 802. — A. M.: Dreyer, Gruchot 26, 131, der der Vorabentscheidung auch materielle Rechtskraft zuschreibt, anscheinend auch Heilfron-Pick, Lehrb. I 7, 28, wo davon die Rede ist, daß „die Vorabentscheidung in den Grenzen des ziffermäßig erhobenen Anspruchs Rechtskraft schaffe".

184) RGE. 66, 10; Staudinger, § 218 N. 2.

185) A. M.: Schmidt B., Gruchot 47, 628 und 805, der Einreden, welche gegen den Grund des Anspruchs gerichtet sind, aber erst im Nachverfahren vorgebracht werden, diese Einrede (e. r. i.) gegenüberstellen will. Vgl. aber auch S. 809!

186) Siehe S. 34! — Struckm K., § 304 N. 1.

die Klage zurückgenommen, so wird damit die Vorabentscheidung vernichtet. Für einen neuerlichen Prozeß über dieselbe Sache und zwischen denselben Parteien ist sie völlig belanglos; dem Gericht des zweiten Prozesses steht für eine Verneinung des Grundes nichts im Wege. — Die Vorabentscheidung vermag auch durch den späteren Erlaß des Endurteils keine materielle Rechtskraft zu gewinnen, denn damit verliert die Vorabentscheidung erst recht jede selbständige Bedeutung und erscheint — wenigstens sachlich — als „bloßes, der selbständigen materiellen Rechtskraft nicht fähiges Element des Endurteils"[187]).

Interessant ist die Sachlage, wenn bei Erlaß der Vorabentscheidung eine Aufrechnungseinrede miterledigt werden mußte[188]). Die Vorabentscheidung enthält dann (in ihren Gründen) die Entscheidung, daß die im Weg der Aufrechnung geltend gemachte Forderung des Beklagten nicht besteht, und diese negative Feststellung ist, wenigstens soweit die Forderung zur Aufrechnung dienen sollte, der materiellen Rechtskraft fähig (§ 322 ZPO.). Indes erlangt die Entscheidung über die Aufrechnung mit Erlaß der Vorabentscheidung allein noch keine Rechtskraft, obwohl ja die Aufrechnungseinrede bereits vollständig erledigt ist und auf sie im Nachverfahren nicht mehr eingegangen wird. Der Grundgedanke des § 322 ist der, daß nicht nur die Entscheidung über den rechtshängigen Anspruch, wonach der Anspruch bejaht wird (Abs. I), sondern auch der Aufrechnungsentscheid, wonach der aufgerechnete Betrag verneint wird (Abs. II) materielle Rechtskraft soll erlangen können, damit fernere Streitigkeiten über die Gegenforderung vermieden werden. Es ist also in Abs. II des § 322 vorausgesetzt, daß der Aufrechnungsentscheid im Zusammenhang mit einem Endurteil ergeht, sei es, daß er unmittelbar in diesem erfolgt oder auf Grund e nes darin gemachten Vorbehalts (§ 302). Hieraus ergibt sich, daß die von einem Endurteil losgelöste Entscheidung über die Gegenforderung für sich allein keine Rechkskraft erlangen kann, gleichviel, ob über die Gegen-

187) Gaupp-Stein, 8. Aufl., § 304 N. II.
188) Siehe oben S. 24 ff.!

forderung nach § 303 allein oder nach § 304 gemeinsam mit anderen Streitpunkten entschieden wird. Die formelle Rechtskraft der Vorabentscheidung allein vermag dem darin enthaltenen Aufrechnungsentscheid also noch keine materielle Rechtskraftwirkung zu verschaffen, weshalb derselbe durch Zurücknahme der Klage genau so vernichtet wird wie der gesamte übrige Inhalt der Vorabentscheidung (s. S. 52!). Erst mit dem Erlaß eines klagbejahenden Endurteils gewinnt der Aufrechnungsentscheid den nötigen Zusammenhang und damit die Fähigkeit, materielle Rechtskraft zu wirken. Dies ist der einzige Fall, in welchem ein Teil der Vorabentscheidung nach § 304 materielle Rechtskraft erlangen kann. —

C. Das Nachverfahren.

I. Ist der Streit über den Grund des Anspruchs durch eine Vorabentscheidung nach § 304 erledigt worden, so folgt zwecks Prüfung der noch unerledigten Streitpunkte, insbesondere der Betragsfrage als zweites Stadium des Prozesses das sog. Nachverfahren. Zunächst tritt jedoch mit Verkündung der Vorabentscheidung ipso facto ein Stillstand des Prozesses ein, weil vor Verhandlung und Entscheidung über den Betrag (normalerweise) erst die Rechtskraft der Vorabentscheidung abgewartet werden muß. Hierdurch wird eine „Cäsur" („Gliederung", „Abschnitt") des Verfahrens bewirkt[189]). Hat sich die Vorabentscheidung nur mit einem Teil des Klagsanspruchs oder nur mit einem von mehreren Ansprüchen desselben Prozesses befaßt, so erstreckt sich selbstverständlich auch der Stillstand des Verfahrens nur auf diesen Anspruchsteil oder den einen Anspruch, während im übrigen weiterverhandelt werden kann. — Der durch die Vorabentscheidung bewirkte Stillstand des Prozesses ist durch deren Zweck, also durch § 304 ZPO. bedingt; er

189) Kleinfeller, Krit. Vierteljahrsschrift 45, 46 bezeichnet dies als „vorläufige Beendigung der Instanz".

hat mit dem „Suspensiveffekt der Berufung“[190]) nichts zu tun, denn er tritt ja bereits mit dem Erlaß der Vorabentscheidung, nicht erst mit der Einlegung der Berufung ein; letztere kann vielmehr vollständig unterbleiben.

Der mit dem Erlaß der Vorabentscheidung eintretende Stillstand des Prozesses gehört keiner der drei Arten an, die herkömmlicherweise beim Stillstand des Prozesses entschieden werden. — Von „Ruhe des Verfahrens“ kann nicht gesprochen werden, weil der Eintritt des Stillstands nicht vom Willen und Verhalten der Parteien abhängig ist. Eine „Unterbrechung des Verfahrens“ liegt deswegen nicht vor, weil bei ihr der Lauf einer jeden Frist aufhört, wogegen bei der Vorabentscheidung der Lauf einer Frist, nämlich der Rechtsmittelfrist, gerade durch die Natur der Sache bedingt ist. Aus dem gleichen Grund ist auch die Annahme einer „Aussetzung des Verfahrens“ ausgeschlossen. Zudem tritt Aussetzung des Verfahrens nur auf Grund eines Gerichtsbeschlusses ein, wogegen bei der Vorabentscheidung unmittelbar die Tatsache ihres Erlasses den Prozeßstillstand zur Folge hat.

Ein Beschluß, in welchem der Eintritt des Prozeßstillstandes angeordnet oder auch nur förmlich ausgesprochen wird, ist nach dem Vorerwähnten sinnlos oder wenigstens überflüssig[191]).

Der Weiterbetrieb des Prozesses nach Rechtskraft der Vorabentscheidung erfolgt nicht von Amts wegen, sondern durch die Parteien.

a) Ist das Prozeßgericht ein Amtsgericht, so hat die betreibende Partei schriftlich oder zu Protokoll des Gerichtsschreibers (§ 496 II ZPO.) den Antrag zu stellen, über den Betrag des Klagsanspruchs weiterzuverhandeln und hierfür

---

190) So Gaupp-Stein, 8. Aufl. § 275 N. III. — A. M. scheint Gaupp-Stein nunmehr nach der 10. Aufl. (§ 275 N. III) zu sein. Dagegen hindert der Suspensiveffekt der Berufung die Verhandlung über den Betrag im Falle b des § 538 Ziff. 3. — Siehe unten S. 90!

191) RGE. 40, 373; 57, 417.

Termin anzuberaumen[192]). Die Ladung der Gegenpartei erfolgt sodann durch den Gerichtsschreiber (§ 497 I ZPO.).

b) Bei den übrigen Gerichten erfolgt der Weiterbetrieb des Prozesses durch Ladung des Gegners von seiten der betreibenden Partei. Hierbei sind die §§ 214 ff., 78, 129 ff. ZPO. zu beachten.

Der vom Gericht anzuberaumende Termin stellt sich dar als „erster Termin zur Fortsetzung eines durch Urteil abgeschlossenen Verfahrens innerhalb der Grenzen dieses Verfahrens"[193]). —

Da für den Weiterbetrieb des Prozesses das Parteiprinzip gilt, so ist es auch Sache der Partei, zu prüfen, ob die Voraussetzungen für den Weiterbetrieb gegeben sind, und ihr Vorliegen dem Gericht darzutun, dessen Augenmerk sich im ersten Termine zunächst auf die Zulässigkeit der Weiterverhandlung zu richten hat. Werden die erforderlichen Nachweise nicht erbracht, so ist der Antrag auf Weiterverhandlung durch Beschluß abzuweisen.

II. Das Nachverfahren ist seiner Natur nach ein beschränktes Verfahren. Denn da das Gericht an seine Zwischenurteile gebunden ist (§ 318), so kann es von der Entscheidung, daß der Anspruchsgrund gerechtfertigt sei, nicht mehr abweichen, sobald es eine solche Entscheidung verkündet hat. Diese Bindung des Gerichts ist ebensowenig eine Wirkung seiner formellen Rechtskraftfähigkeit[194]) als sie eine Wirkung des Suspensiveffekts der Berufung ist[195]). Sie ist vielmehr auf die Tatsache der Zerlegung des Verfahrens in zwei Abschnitte zurückzuführen, von denen der zweite nur zur Verhandlung der noch verbleibenden Streitpunkte bestimmt ist. Der Streit über den Grund des Anspruchs ist ein für allemal erledigt; es können nurmehr Angriffs- und Verteidigungsmittel vorgebracht werden, welche den Betrag (und etwa vorhandene

---

192) Es genügt natürlich auch, wenn der Antrag auf „Bestimmung eines Termins zur weiteren mündlichen Verhandlung des Rechtsstreits" lautet.

193) Gaupp-Stein, Vorbem. I 1b zu § 214.

194) So Schmidt B., Gruchot 47, 804.

195) Siehe S. 54!

sonstige Streitpunkte) betreffen; alle anderen Angriffs- und Verteidigungsmittel sind zurückzuweisen. Indes sind außer den nachträglich entstandenen, den Grund betreffenden Einwendungen (s. oben S. 49 f.!) m. E. auch noch solche Einwendungen (ohne Rücksicht auf den Zeitpunkt ihrer Entstehung) zulässig, welche sich gegen den Grund des Anspruchs in der Weise wenden, daß sie behaupten, der Anspruchs*betrag* sei gleich Null. Wenn, was nicht bestritten ist, im Nachverfahren eine Abweisung der Klage wegen Verneinung eines Anspruchsbetrags erfolgen kann, so muß man auch dem Beklagten die Befugnis zugestehen, diesen Erfolg herbeizuführen, d. i. den Betrag auch nach Feststellung des Anspruchgrundes seinem *vollen Umfang* nach zu bestreiten. Wollte man dem Beklagten ein die Höhe des Anspruchs betreffendes Vorbringen nurmehr insoweit gestatten, als es den Anspruch nicht völlig verneint, so käme man *praktisch* dennoch zu demselben Ergebnis; denn welchen Unterschied macht es, ob man behauptet, der Betrag sei = 10000—10000 oder er sei = 10000—9999?[196]) —

Die Zulässigkeit einer Klagsabweisung im Nachverfahren wegen Verneinung des Betrags ergibt sich daraus, daß Voraussetzung für den Erlaß der Vorabentscheidung nicht war, daß ein Betrag nachgewiesen wurde, sondern nur, daß der Mangel eines Betrags nicht bereits damals feststand[197]); die Möglichkeit der Feststellung des Betrags gleich Null ist also offen geblieben[198]). — Zu dem gleichen Resultat kommt, wer beim Erlaß der Vorabentscheidung *Wahrscheinlichkeit* des Betrags verlangt; denn jeder Wahrscheinlichkeit steht eine gewisse Unwahrscheinlichkeit gegenüber und gerade der unwahrscheinliche Fall kann im Nachverfahren eintreten. — Wer *Gewißheit* eines Betrages als Voraussetzung der Vorabentscheidung verlangt, muß zwar in den Gründen der Vorabentscheidung die Frage würdigen, ob und inwiefern das Bestehen eines Betrages nachgewiesen ist;

196) Vgl. hier RG. *Gruchot* 47, 1169 f.
197) Siehe oben S. 15 ff.!
198) RG. Bl.fRA. 65, 48; *Petersen*, § 304 N. 2.

allein urteilsmäßig wird über diese Frage nicht entschieden, sie bildet vielmehr nur einen Inzidentpunkt der Vorabentscheidung. Auf Inzidentpunkte erstreckt sich aber (normalerweise) weder die Rechtskraft des Urteils (§ 322) noch die Bindung des Gerichts (§ 318). Das Gericht kann daher, trotzdem es bei Erlaß der Vorabentscheidung einen Betrag für erwiesen annahm, im Nachverfahren zu einer anderen Auffassung gelangen und mangels eines Betrags die Klage abweisen.

Die Abweisung der Klage im Nachverfahren ist auch aus einem anderen Grunde möglich, nämlich wegen Säumnis des Klägers[199]). Denn durch sein Ausbleiben oder Nichtverhandeln verwirkt der Kläger alles, was er bisher erreicht hat; die Vorabentscheidung wird wie jedes andere Zwischenurteil hinfällig und die Klage muß auf den bloßen Antrag des Beklagten, ohne daß es einer Begründung bedarf, abgewiesen werden. Der Wegfall der Vorabentscheidung steht mit deren Wesen und mit der Prozeßlage nicht in Widerspruch; denn einerseits ist durch sie ja kein endgültiger Rechtsschutz gewährt worden, anderseits bildet — trotz der Beschränktheit des Nachverfahrens — immer noch die ganze Sache den Gegenstand des Streites[200]), genau so, wie wenn vor Erlaß der Vorabentscheidung eine Verhandlungsbeschränkung auf den Grund angeordnet wurde[201]).

Anders als bei Säumnis des Klägers liegt die Sache, wenn im Nachverfahren der Beklagte säumig wird. Zunächst ist zu bemerken, daß ein lediglich den Grund betreffendes Vorbringen zwar im Nachverfahren unbeachtlich ist, daß es aber deswegen (anders als bei § 275 nach Erlaß einer Vorabentscheidung das weitere Vorbringen von prozeßhindernden Einreden[202]) dem Nichtverhandeln nicht gleichsteht; denn der Beklagte verhandelt in diesem Falle jedenfalls zur Sache, wenn auch in unge-

199) Seuffert, § 275 N. 4, Gaupp-Stein, § 347 N. I 2, Petersen, § 347 N. 3, Weismann, Lehrb. I 220.

200) Mot. S. 263!

201) Siehe oben S. 40 f.!

202) Vgl. Troll, Versäumnisurteil S. 37!

eigneter Weise. — Das Gericht ist bei Säumnis des Beklagten an die Vorabentscheidung insoweit gebunden, als darin über von Amts wegen zu berücksichtigende Streitpunkte bereits erkannt ist[203]). Aber auch insoweit ist die Bindung nur scheinbar durch die Vorabentscheidung begründet; denn der innere Grund ist der, daß durch die bloßen Behauptungen des Klägers die bereits erfolgten Feststellungen, welche sich auf ex officio zu berücksichtigende Streitpunkte beziehen, nicht umgestoßen werden können. Eine weitergehende Bindung besteht nicht. Die Mehrheit der Autoren nimmt allerdings an, daß sich das Versäumnisurteil nicht nur bezüglich der Offizialfragen, sondern auch bezüglich der dispositiven Streitpunkte mit der Vorabentscheidung nicht in Widerspruch setzen dürfe[204]). Ich vermag indes dieser Meinung nicht beizutreten[205]). In § 347 I ZPO. ist bestimmt: „Die Vorschriften dieses Titels (Tit. III: Versäumnisurteil) finden auf das Verfahren, welches . . . . die Bestimmung des Betrags eines dem Grunde nach bereits festgestellten Anspruchs zum Gegenstande hat, entsprechende Anwendung". Das tatsächliche mündliche Vorbringen des Klägers ist also als zugestanden anzunehmen (§ 331); daß es sich nicht auf den Betrag zu beschränken braucht, wurde bereits bemerkt (s. vorige Seite, N. 200). Die „entsprechende Anwendung" erfordert, daß im vorliegenden Falle Zwischenurteile in demselben Maße in Wegfall kommen, wie in sonstigen Fällen des Versäumnisurteils. Warum soll sich die Kontumazierung des Beklagten, soweit eine solche überhaupt möglich ist, nicht ebensogut auf die Vorabentscheidung erstrecken wie auf die anderen Zwischen-

203) RGE. 14, 345; Wilm Levy, § 297.

204) Seuffert, § 332 N. 3a, Gaupp-Stein, § 347 N. I 2, SkonG., § 347 N. 2, Fitting, Lehrb. S. 380, Zeitlmann, Einfluß der Zwischenurteile S. 4 ff., 18 ff., 29 ff., Planck, Lehrb. II 364, Marwitz, Urteil S. 67, Troll, Vers.-Urteil S. 25, 131 f., Keyßner, Zeitsch. f. d. gesamte Handelsrecht 27, 328, Stein, Ziv.-Pr. (in Birkmeyers Enzyklop., 2. Aufl. S. 980), welcher die Teil- und Zwischenurteile auf eine Linie stellt; Schneider, ZtschRpfl. 4, 32.

205) Der gleichen Meinung sind: Endemann, Lehrb. II 169, Haas, Gruchot 34, 355 und anscheinend auch Struckm K., § 304 N. 4.

urteile? Jede Beweisaufnahme, jedes Zwischenurteil hat doch nur insoweit Bedeutung, als damit das Endurteil vorbereitet werden soll; zum Erlaß eines Versäumnisurteils bedarf es dagegen weder irgend eines Beweises noch einer Vorbereitung durch Zwischenentscheidung. — Diese Differenz der Meinungen ist ohne praktische Bedeutung, wenn man — wie richtig[206]) — annimmt, daß in der Vorabentscheidung nur das Bestehen des Anspruchs und weiter nichts festzustellen ist. Denn in diesem Falle hat der Kläger an einer Abänderung der Vorabentscheidung kein Interesse, er wird deshalb auch kaum widersprechende Behauptungen aufstellen. Anders, wenn in der Vorabentscheidung auch bereits eine Verteilung des Verschuldens ($^2/_3$, $^1/_3$) erfolgt, also teilweise zuungunsten des Klägers entschieden ist. Hier liegt allerdings nahe, daß der Kläger mit der Vorabentscheidung unvereinbare Tatsachen behauptet[207]); dies ist m. E. zulässig und das der Vorabentscheidung widersprechende Vorbringen muß vom Gericht berücksichtigt werden. Soweit die hiernach zulässigen Tatsachenbehauptungen des Klägers sein Klagbegehren rechtfertigen, ist der Beklagte antragsgemäß zu verurteilen; insoweit ist das Urteil Versäumnisurteil, und zwar bilden die Tatsachenbehauptungen des Klägers und die Säumnis des Beklagten, nicht aber auch die Vorabentscheidung seine Grundlage. Soweit das Klagbegehren nicht gerechtfertigt ist, hat Abweisung der Klage zu erfolgen; insoweit ist das Urteil nicht Versäumnisurteil, sondern steht einem kontradiktorischen Endurteil gleich. Die Folge ist, daß das Urteil nach der einen Richtung mit Einspruch, nach der anderen Richtung aber mit Berufung angefochten werden muß[208]).

---

206) Siehe oben S. 24!

207) Von den Anhängern der entgegengesetzten Meinung, die vielfach damit argumentieren, es solle der erschienene Kläger durch das Bestehenbleiben der Vorabentscheidung begünstigt werden, wird diese Kehrseite ihrer Meinung durchweg übersehen. Vgl. z. B. Wach, Vorträge, S. 180 f., der mit dem Motiv des Gesetzes, den „fleißigen Teil“ zu begünstigen, argumentiert.

208) Seuffert, § 331 N. 2c, § 513 N. 1c.

Wird ein gegen den Kläger oder den Beklagten erlassenes Versäumnisurteil mit Einspruch angefochten, so lebt die Bedeutung der Vorabentscheidung wieder auf.

III. Ist auf Grund des Nachverfahrens auch die Betragsfrage entscheidungsreif geworden (wobei für die Feststellung der Höhe eines Schadens § 287 ZPO. zu beachten ist), so hat das Gericht ein Endurteil zu erlassen. Durch dieses wird das Verfahren über den Betrag und zugleich der gesamte Prozeß (in der Instanz, in der das Endurteil erlassen wird) zum Abschluß gebracht; auch ist über die Kosten des Prozesses zu entscheiden, soweit nicht bereits in der Vorabentscheidung eine Kostenseparation erfolgt ist[209]). Die Funktion des Endurteils besteht darin, den nach Entscheidung über den Grund noch unerledigt gebliebenen Teil des Streitstoffs zu erledigen[210]) und endgültigen Rechtsschutz zu gewähren. Mit der Frage des Grundes befaßt sich das Endurteil nicht von neuem, sondern stützt sich auf die Vorabentscheidung[211]), indem es auf sie Bezug nimmt. Damit wird die äußerlich vom Endurteil getrennte Vorabentscheidung sachlich zu einem Bestandteil (Element) desselben, ohne indes von ihren prozessualen Eigentümlichkeiten etwas einzubüßen. — Enthält die Vorabentscheidung einen Vorbehalt über eine Aufrechnungseinrede (§ 302) so ergeht auch das Endurteil unter Vorbehalt[212]); denn die Aufrechnungseinrede wird erst dann erledigt, wenn der gesamte übrige Streitstoff geschlichtet ist.

Dasselbe Rechtsmittel, das gegen die Vorabentscheidung besteht, ist auch gegen das darauf beruhende Endurteil — sofern dies kein Versäumnisurteil ist[213]) — geboten, also je nach der Instanz, der Art des Prozeßgerichts und der Höhe der Beschwerdesumme, bezw. nach der Art des Streitgegenstands Berufung oder Revision[214]). Dabei ist aber für ein

209) Siehe S. 36 f.!
210) Siehe RGE. 15, 350!
211) Siehe oben S. 34!
212) Siehe oben S. 36!
213) Siehe oben S. 59!
214) Siehe oben S. 46!

Rechtsmittel die Angriffsfläche dadurch verringert, daß das Endurteil die Existenz des Grundes als feststehend hinzunehmen hat und nur über die Betragsfrage selbständig entscheiden darf. Nur soweit hiernach dem Endurteil eine Entscheidung überhaupt obliegt, kann ihm der Vorwurf einer fehlerhaften Entscheidung gemacht werden. Ein gegen das Endurteil gerichtetes Rechtsmittel kann daher niemals einen Angriff gegen die Vorabentscheidung mitumfassen, selbst dann nicht, wenn diese noch nicht rechtskräftig geworden ist[215]). Die Folge ist, daß durch ein gegen das Endurteil gerichtetes Rechtsmittel der Prozeß nur bezüglich der Betragsfrage an das Obergericht devolviert wird. Das Obergericht ist daher an die Vorabentscheidung, falls nicht auch gegen sie ein Rechtsmittel ergriffen wurde, gebunden, ebenso wie das Untergericht, und zwar gleichviel, ob die Vorabentscheidung bereits rechtskräftig geworden ist oder nicht.

Im Gegensatz zur Vorabentscheidung ist das Endurteil fähig, nicht nur formelle, sondern auch materielle Rechtskraft zu erlangen. Der Regel nach tritt diese gleichzeitig mit der formellen Rechtskraft ein, nämlich dann, wenn auch die Vorabentscheidung bereits (formell) rechtskräftig geworden ist. Anders verhält es sich aber, wenn ausnahmsweise schon vor Rechtskraft der Vorabentscheidung das Endurteil formelle Rechtskraft erlangt. Wie es in diesem Falle mit dem Endurteil bestellt ist, ist im folgenden unter Ziff. IV erörtert.

IV. Obwohl der Zweck der Vorabentscheidung verlangt, daß deren Rechtskraft vor Weiterverhandlung über den Betrag abgewartet werde, hat der Gesetzgeber dem Gericht doch die Möglichkeit gelassen, von dem mit der Vorabentscheidung verfolgten Zweck wieder abzustehen[216]) und bereits vor Rechtskraft der Vorabentscheidung das Nachverfahren über den Betrag anzuordnen. Damit soll dem Gericht die Möglichkeit gegeben

---

215) RGE. 16, 353; BayerOLGE. (a. F.) 11, 730; Petersen, § 304 N. 4.

216) Allerdings nicht in dem Sinne wie Fitting, ZtschZPr. 14, 237 ff. meint. — Siehe auch N. 220!

sein, Prozeßverschleppungen, die infolge des Erlasses der Vorabentscheidung zu befürchten sind, möglichst hintanzuhalten. Der Kürze halber soll dieser Fall im Nachfolgenden als „vorzeitiges Nachverfahren“ bezeichnet werden[217]).

Will das Gericht ein vorzeitiges Nachverfahren anordnen, so ist es — anders als beim Erlaß einer Vorabentscheidung — an einen Parteiantrag gebunden. Der Antrag ist dem Grundsatz der Mündlichkeit gemäß in mündlicher Verhandlung zu stellen[218]). Ist das Prozeßverfahren durch den Erlaß der Vorabentscheidung bereits zum Stillstand gekommen, so muß die betreibende Partei den Gegner zur mündlichen Verhandlung über den Antrag laden[219]). Der Antrag auf Anordnung eines vorzeitigen Nachverfahrens kann auch schon in der mündlichen Verhandlung vor Erlaß der Vorabentscheidung wirksam gestellt werden[220]).

Ob das Gericht dem Antrag stattgeben will, ist seinem freien Ermessen anheimgestellt[221]). Wenn es von der ihm eingeräumten Befugnis Gebrauch macht, so geschieht dies auf die Gefahr hin, daß infolge des gleichzeitigen Laufs zweier Instanzen in parallelen Rechtszügen ein Divergenz der Meinungen eintritt und das

---

217) Diese Bezeichnung klingt zwar paradox, trifft aber m. E. deswegen gerade den Kern der Sache.

218) RGE. 57, 417; JW. 1890, 47 (6), Wilm Levy, § 276 N. 4, Förster, § 275 N. 4b.

219) Seuffert, § 275 N. 4, Gaupp-Stein, § 275 N. III, Struckm K., § 304 N. 3, Planck, Lehrb. II 137; RG. JW. 1890, 47 (6).

220) Gaupp-Stein, § 275 N. III, Struckm K., § 275 N. 3. — Eine eigentümliche Auffassung des vorzeitigen Nachverfahrens bekundet Fitting, ZtschZPr. 14, 239 f. Er behauptet, daß dasselbe nur vor Erlaß der Vorabentscheidung beantragt werden könne, weil die Anordnung des vorzeitigen Nachverfahrens nur in der Vorabentscheidung selbst zulässig sei, die dadurch zum gewöhnlichen, nicht selbständig anfechtbaren Zwischenurteil nach § 303 werde. — Vgl. dazu auch S. 63!

221) NB! Die Akten sind beim Berufungsgericht; das Untergericht muß also Abschriften haben.

Nachverfahren durch die Aufhebung der Vorabentscheidung hinfällig wird[222]). Maßgebende Gesichtspunkte für das Gericht sind:

1. die Dringlichkeit der Sache[223]),

2. der sichere Bestand der Vorabentscheidung, sei es wegen Unwahrscheinlichkeit oder wegen Aussichtslosigkeit eines Rechtsmittelangriffs.

Die Anordnung des vorzeitigen Nachverfahrens erfolgt durch Beschluß. Ein Rechtsmittel gegen ihn ist nicht gegeben[224]); denn die Beschwerde, die allein in Frage kommen kann, ist weder ausdrücklich zugelassen noch generell gestattet, da es sich weder um einen Beschluß handelt, der ohne vorgängige mündliche Verhandlung erfolgen kann, noch um einen Beschluß, durch welchen die Aussetzung des Verfahrens abgelehnt wird (§ 567 I ZPO.). — Regelmäßig wird das Gericht erst nach Erlaß der Vorabentscheidung Veranlassung zu einem solchen Beschlusse haben. Ist aber bereits vorher ein Parteiantrag gestellt worden, so kann das Gericht in demselben Termin, in dem es die Vorabentscheidung erläßt, die Weiterverhandlung anordnen[225]).

Mit dem Fortsetzungsbeschluß ist die Bestimmung des ersten Verhandlungstermins zu verbinden. Ist dies vom Gericht versehentlich unterlassen worden, so erfolgt die Terminsbestimmung nunmehr nicht etwa von Amts wegen, sondern erst auf neuerlichen Antrag der Partei[226]). Denn da für die Anordnung der Weiterverhandlung das Parteiprinzip gilt, so wird das Gericht auch jetzt nicht von selbst tätig, vielmehr bleibt es der betreibenden Partei überlassen, für die Ausfüllung der Lücke zu sorgen.

---

222) RGE. 15, 350; 68, 252.

223) Vgl. dazu S. 67 f.! (Vollstreckbarkeit des Endurteils).

224) RGE. 57, 417; JW. 1899, 178 (12). — Ebenso: Seuffert, § 275 N. 4, Gaupp-Stein, § 275 N. III, StruckmK., § 275 N. 3, Petersen, § 304 N. 5, WilmLevy, § 248 N. 5, § 276 N. 4.

225) StruckmK., § 275 N. 3, WilmLevy, § 248 N. 5.

226) Gaupp-Stein, § 275 N. III.

Hat das Gericht die Weiterverhandlung vor Rechtskraft der Vorabentscheidung beschlossen, so kann es den Beschluß nach neuer mündlicher Verhandlung durch einen gleichfalls unanfechtbaren Beschluß wieder aufheben, wenn zur Sache noch nicht verhandelt worden ist[227]). Ist dies bereits geschehen, so muß weiterverhandelt werden; denn das einmal begonnene Verfahren kann vom Gericht nicht mehr beliebig abgebrochen werden. Auch eine Verzögerung des Verfahrens durch Aussetzung ist nicht aus dem Grunde zulässig, weil Bedenken über die Stichhaltigkeit der Vorabentscheidung entstanden sind[228]). Insbesondere kann nicht aus § 148 ZPO. eine Aussetzungsbefugnis für den vorliegenden Fall hergeleitet werden; denn die Entscheidung im Endurteil hängt allerdings von der Beurteilung des Rechtsverhältnisses in der Vorabentscheidung ab, allein § 148 ZPO. setzt voraus, daß es sich um zwei verschiedene Prozesse handle. Vorabentscheidung und Endurteil entscheiden aber über ein und dieselbe Sache[229]). Die einzige Möglichkeit, die dem Gericht sonach noch offensteht, um die Rechtskraft der Vorabentscheidung abzuwarten, besteht darin, die Verhandlung durch lange Termine hinauszudehnen[230]). Das Gericht ist dabei verpflichtet, sich innerhalb der Grenzen des normalen Geschäftsgangs und, was den Verkündungstermin anlangt, an § 310 ZPO. zu halten[231]), eine Pflicht, deren Erfüllung der Kontrolle der Parteien allerdings entzogen ist.

Es ist behauptet worden, daß § 304 II das Gericht lediglich dazu ermächtige, vor Rechtskraft der Vorabentscheidung über die Betragsfrage zu verhandeln, nicht aber auch dazu, hier-

---

227) Seuffert, § 275 N. 4; OLG. Kassel, Rspr. 9, 102. — A. M.: Petersen, § 275 N. 5, Struckm. K., § 275 N. 4, Endemann, II 45.

228) RG. JW. 1899, 178 (12), Petersen, § 275 N. 5 und 6.

229) Gaupp-Stein, zu § 239 Vorbemerkung I und zu § 148 N. I.

230) Seuffert, § 275 N. 4, Reincke, § 275 N. IIb, RG. JW. 1899, 178 (12).

231) A. M.: Troll, Versäumnisurteil, S. 62; anscheinend auch Kleinfeller, Lehrb. S. 253.

über zu entscheiden[232]). Man muß zugeben, daß diese Ansicht den Wortlaut des § 304 für sich hat, umsomehr, als an anderen Stellen der ZPO. (z. B. §§ 238 I, 275 I, 537, 565 I, 718 I) von einem „verhandeln und entscheiden" die Rede ist; freilich kann man diesem Argument mit Fug den Sprachgebrauch des Gesetzes an anderen Stellen (z. B. §§ 332, 370) entgegenhalten. Den Ausschlag gibt in diesem Zweifelsfalle der Grundsatz unserer Zivilprozeßordnung, daß die Entscheidung stets bereits dann erfolgen soll, wenn die Verhandlung zur Entscheidungsreife gediehen ist (vgl. §§ 300, 310). Diesem Fundamentalsatz gegenüber kann die Tatsache, daß die ZPO. in § 304 II (wie in § 275 II) bloß von einem „verhandeln" und nicht auch, wie anderorts, von einem „entscheiden" spricht, keine ausschlaggebende Bedeutung haben. Daß nur von einem „verhandeln" die Rede ist, erklärt sich aus dem vom Gesetz gebrauchten Ausdruck „Das Gericht kann ..... anordnen". Nur das „verhandeln" kann das Gericht anordnen, wie in Wilmowsky-Levy, § 248 N. 5, treffend bemerkt ist, nicht aber auch das „entscheiden"; denn aus dem verhandeln ergibt sich das entscheiden von selbst als gesetzliche Notwendigkeit, weil ein bloßes verhandeln oder auch nur ein verhandeln mit Aussetzung der Entscheidung unserer Zivilprozeßordnung, abgesehen von §§ 56, 89, durchweg fremd. Mit Recht wird daher von der überwiegenden Mehrzahl der Autoren angenommen, daß das Gericht zum Erlaß des Endurteils auch dann berechtigt, bezw. verpflichtet ist, wenn die Vorabentscheidung noch nicht Rechtskraft erlangt hat[233]).

V. Der Mangel einer rechtskräftigen Vorabentscheidung ist aber in anderer Hinsicht von Bedeutung. Solange nämlich die Rechtskraft der Vorabentscheidung noch aussteht, kann das Endurteil zwar formelle, nicht aber materielle Rechts-

---

232) So Oppenheim, Gruchot 27, 7 ff. und Eccius, ebenda S. 476 f.; Marwitz, Urteil S. 45; Förster, § 275 N. 4b. — Gegen Oppenheim und Eccius: Fitting, ZtschZPr. 14, 226 ff.

233) Seuffert, § 275 N. 4, Gaupp-Stein, § 275 N. III, Petersen, § 275 N. 6, WilmLevy, § 248 N. 5, RGE. 3, 403.

kraft gewinnen[234]). Unanfechtbar kann das Endurteil werden, sein Bestehen kann gegen einen Rechtsmittelangriff gesichert sein. Allein die Möglichkeit, daß dem Endurteil durch Aufhebung der Vorabentscheidung der Boden entzogen wird, ist, wenigstens was das klagbejahende kontradiktorische Endurteil betrifft, trotz der Rechtskraft des Endurteils noch nicht ausgeschlossen. Denn wenn auch die Vorabentscheidung mit Erlaß des Endurteils sachlich als Bestandteil desselben erscheint, so wird sie ihm doch nicht systematisch untergeordnet[235]). Die selbständige Anfechtbarkeit der Vorabentscheidung wird vielmehr durch die nachfolgende Rechtskraft eines im vorzeitigen Nachverfahren erlassenen Endurteils, sofern dies nicht ein Versäumnis- oder klagabweisendes kontradiktorisches Endurteil ist, nicht berührt[236]). Insbesondere ist zur Wahrung des Rechtsmittels gegen die Vorabentscheidung die Einlegung eines Rechtsmittels gegen das Endurteil (um dessen Rechtskraft zu verhindern) nicht erforderlich[237]). Die Aufhebung der Vorabentscheidung ist also auch nach Rechtskraft des Endurteil noch möglich.

Da aber das Endurteil unter der stillschweigenden Voraussetzung der Richtigkeit der Vorabentscheidung ergangen ist und nur solange bestehen kann und will als die Vorabentscheidung besteht[238]), so fällt mit der Aufhebung der Vorabentscheidung auch das Endurteil als existenzunfähig in sich zusammen[239]).

---

234) Wilmowsky-Levy, § 248 N. 5, Weismann, Lehrb. 1, 381.

235) RGE. 15, 354.

236) Seuffert, § 275 N. 4, Schmidt, Lehrb. 677 N. 1, Zeitlmann, Einfluß des Zwischenurteils S. 23 ff., Wach, Vorträge S. 130; RGE. 5, 424; 15, 349.

A. M.: Fitting, ZtschZPr. 14, 223 ff. und Lehrb. S. 352, welcher behauptet, daß die Anordnung eines vorzeitigen Nachverfahrens nur gleichzeitig mit dem Erlaß der Vorabentscheidung zulässig sei (s. S. 62!) und annimmt, daß die Vorabentscheidung damit ihre Selbständigkeit einbüße.

237) RGE. 5, 425; 15, 350. — Bülow, Gruchot 25, 857. — A. M.: Hönemann, Gruchot 25, 865, Osterloh, ZtschZPr. 3, 67.

238) RGE. 15, 350; Mot. S. 218.

239) RGE. 5, 422; 15, 348 ff.; JW. 1894, 13 (25). — Seuffert, § 275 N. 4, Gaupp-Stein, § 275 N. IV 1, Petersen, § 275

Dies geschieht ipso facto; eine förmliche Aufhebung des Endurteils, bezw. wenn dieses noch nicht gefällt ist, eine förmliche Beendigung des Verfahrens erfolgt nicht, weder durch das mit der Vorabentscheidung befaßte Rechtsmittelgericht, da sich dessen Jurisdiktion auf die Bestätigung oder Aufhebung der Vorabentscheidung beschränkt[240]), noch durch das erstinstanzielle Gericht oder durch das mit dem Endurteil etwa befaßte Rechtsmittelgericht, deren Tätigkeit mit dem Wegfall der Vorabentscheidung sofort beendigt ist[241]). Pflicht des mit dem Nachverfahren befaßten Gerichts ist es aber, die Parteien, bereits geladene Zeugen, ein etwa ersuchtes Gericht 2c. von der veränderten Sachlage behufs Vermeidung unnützer Kosten sofort zu verständigen. Ein Rechtsmittel gegen die Nichtbeachtung dieser Pflicht ist nicht geboten.

Weil das klagbejahende kontradiktorische Endurteil vor Rechtskraft der Vorabentscheidung keine materielle Rechtskraft äußern kann, fehlt es ihm solange auch an der Vollstreckbarkeit. Ausnahmsweise hängt also die Vollstreckbarkeit des Endurteils nicht bloß von der Nichtbetretung oder Beendigung des Rechtsmittelweges ab wie gewöhnlich, sondern auch noch von dem Eintritt der formellen Rechtskraft der Vorabentscheidung[242]).

N. 6, Wilm-Levy, § 248 N. 5, Struckm. K., § 304 N. 3, Förster, § 275 N. 4b, Planck, Lehrb. 2, 137, Weismann, Lehrb. 1, 381, Heilfron-Pick, Lehrb. I 728, Wach, Vorträge S. 130, Marwitz, Urteil S. 45, Kohler, Der Prozeß als Rechtsverhältnis, S. 136 f., Gaupp im Zentralblatt für Rechtswissenschaft (Kirchenheim) 2, 261 (1882), Bülow, Gruchot 25, 852 ff., Haas, Gruchot 34, 358 ff. — A. M.: Hönemann, Gruchot 25, 858 ff., ferner Oppenheim und Eccius, Gruchot 27, 7 ff., 476 f., welche im vorzeitigen Nachverfahren ein Endurteil überhaupt nicht zulassen, und Fitting, ZtschZPr. 14, 237 f., welcher die Unmöglichkeit einer dem Endurteil widersprechenden Vorabentscheidung behauptet, weil durch den vorzeitigen Erlaß des Endurteils die Vorabentscheidung zum gewöhnlichen Zwischenurteil werde (s. S. 66 N. 236!).

240) Gaupp-Stein, § 275 N. IV 1, Petersen, § 275 N. 6.

241) RGE. 5, 425; 15, 356. — Haas, Gruchot 34, 359 verlangt vom Gericht „Einstellung des Verfahrens von Amts wegen", also einen Beschluß.

242) RGE. 15, 355.

Bis dahin ist die Wirksamkeit des Endurteils suspendiert und zwar auch dann, wenn dieses für vorläufig vollstreckbar erklärt worden ist[243]). Es darf daher solange keine Vollstreckungsklausel zu dem Endurteil erteilt werden[244]). Die Gefahr ihrer widerrechtlichen Erteilung liegt allerdings ziemlich nahe. Um vom Gerichtsschreiber die Vollstreckungsklausel für ein Endurteil zu erwirken, braucht regelmäßig nur eine Ausfertigung des Endurteils, die Zustellungsurkunde und das Notfristattest vorgelegt zu werden. Handelt es sich um ein bedingtes Endurteil wie im vorliegenden Falle, so muß dies der Gerichtsschreiber aus der Begründung des Urteils selbst ersehen. Erteilt er trotzdem die Vollstreckungsklausel, so kann der Beklagte der Unzulässigkeit nach § 732 durch Einwendungen beim letztbefaßten Prozeßgericht (§ 724) geltend machen[245]).

Um eine versehentliche Erteilung der Vollstreckungsklausel zu vermeiden, empfiehlt es sich, die prozessuale Besonderheit des vorzeitig ergangenen Endurteils durch Aufnahme eines Vorbehalts in den Urteilsspruch leicht ersichtlich zu machen. Ein derartiger Vorbehalt ist zulässig, weil damit nur die dem Urteil innewohnende Bedingtheit deutlicher zum Ausdruck gebracht wird. Notwendig ist er dagegen nicht[246]); denn die bedingte Gültigkeit des Endurteils ist, auch wenn der Vorbehalt fehlt, aus dem Urteil selbst hinreichend ersichtlich, sodaß der Mangel des Vorbehalts an dem Urteil nichts zu ändern vermag. Die entgegengesetzte Meinung, wonach die provisorische Natur des Endurteils im Urteilsspruch durch einen Vorbehalt ersichtlich

243) RGE. 15, 348, bes. 355, 356. Seuffert, § 275 N. 4, Gaupp-Stein, § 275 N. IV 1, Petersen, § 275 N. 6, Heilfron-Pick, Lehrb. I 639 N. 9. — A. M.: Haas, Gruchot 34, 363, dem entgegenzuhalten ist, daß die Erklärung eines Urteils für vorläufig vollstreckbar nur von dem Erfordernis formeller Rechtskraft dispensiert.

244) RGE. 15, 355; OLG. Kolmar, Rspr. 7, 303.

245) Nach RGE. 15, 355 kann auch § 768 Anwendung finden; nach Förster, § 275 N. 4b findet § 767 Anwendung.

246) Seuffert, § 275 N. 4, Gaupp-Stein, § 275 N. IV 1 und N. 24, Petersen, § 275 N. 6, Weismann, Lehrb. 1, 381, Marwitz, Urteil S. 45, Haas, Gruchot 34, 359.

gemacht werden müsse, widrigenfalls es als unbedingtes Urteil wirke[247]), ist nicht richtig[248]).

Die unter Ziff. V bisher gemachten Ausführungen gelten für ein kontradiktorisches Endurteil nur, soweit der Klage (sei es ganz oder teilweise) stattgegeben wird, nicht aber soweit die Klage abgewiesen wird, und nicht für ein Versäumnisurteil[249]). Denn das klagabweisende kontradiktorische Endurteil und das Versäumnisurteil beruhen nicht auf der Vorabentscheidung[250]).

Soweit das Endurteil den Klagsanspruch abweist, geschieht dies wegen Mangels eines Betrags trotz Feststehens des Grundes; insoweit kann also nicht die Rede davon sein, daß die Vorabentscheidung die Grundlage des Endurteils bilde. Deswegen wird die materielle Rechtskraft des Endurteils, soweit es die Klage abweist, nicht in der Schwebe gehalten, sie tritt vielmehr gleichzeitig mit der formellen Rechtskraft ein.

Beispiel: A. hat auf 1000 Mk. geklagt. Es ist Vorabentscheidung nach § 304 erlassen und vorzeitiges Nachverfahren angeordnet worden. Vor Rechtskraft der Vorabentscheidung ergeht das Urteil:

I. Beklagter ist schuldig, an den Kläger 600 Mk. zu bezahlen.
II. Im übrigen wird die Klage abgewiesen.
III. Von den Verfahrenskosten hat der Kläger 1/3, der Beklagte 2/3 zu tragen. —

247) So Wilmowsky-Levy, § 248 N. 5, Kohler, Grundriß, S. 45 und 84, derselbe, Der Prozeß als Rechtsverhältnis, S. 78 und 135 ff. (Exkurs II); nach seiner Meinung geht bei Kollision eines vorbehaltlosen erstinstanziellen Endurteils und eines die Vorabentscheidung aufhebenden, klagabweisenden Urteils der Oberinstanz dasjenige Urteil vor, welches das später erlassene ist.

248) Förster, § 275 N. 4b, Heilfron-Pick, Lehrb. I 639 N. 9, Keyßner, Ztsch. f. d. gesamte Handelsrecht 27, 328.

249) Kohler, Grundriß S. 84, hält ein Versäumnisurteil im Nachverfahren für unzulässig, solange die Vorabentscheidung noch nicht rechtskräftig geworden ist.

250) S. S. 33 u. S. 57!

In diesem Urteil erlangt Ziff. II und der den Kläger betreffende Passus der Kostenentscheidung materielle Rechtskraft, bezw. Vollstreckbarkeit mit dem Eintritt der formellen Rechtskraft des Endurteils, Ziff. I und der auf den Beklagten bezügliche Passus der Kostenentscheidung dagegen erst mit Rechtskraft der Vorabentscheidung.

Daß ein gegen den Kläger ergangenes Versäumnisurteil nicht auf der Vorabentscheidung beruht, ist klar und m. W. unbestritten. — Aber auch das gegen den Beklagten erlassene Versäumnisurteil greift auf die Vorabentscheidung nicht zurück[251]). Deshalb erlangt in dem einen wie in dem anderen Falle das Versäumnisurteil unabhängig von der Vorabentscheidung materielle Rechtskraft und Vollstreckbarkeit.

Endlich sei noch bemerkt, daß die Vorabentscheidung auch dann in Wegfall kommt (d. i. rechtlich bedeutungslos wird), wenn im Verfahren über den Betrag Zurücknahme der Klage[252]) oder Verzicht auf den Klagsanspruch erfolgt.

Ein Anerkenntnis des Klagsanspruchs kann von Seite des Beklagten nur insoweit erfolgen, als sich der Streit überhaupt noch mit dem Anspruch befaßt, nämlich bezüglich des Betrags, nicht aber auch bezüglich des bereits festgestellten Grundes. Will der Beklagte den Grund nach Erlaß einer (noch nicht rechtskräftigen) Vorabentscheidung anerkennen, so geschieht dies in der Form des Berufungsverzichts (§ 514), bezw. der Berufungszurücknahme (§ 515). — Wird nur der Be-

---

251) RGE. 14, 345; OLG. Rostock, SA. 45 N. 141, Haas, Gruchot 34, 354 ff., Marwitz, Urteil S. 45.

A. M.: Seuffert, § 275 N. 4, Gaupp-Stein, § 275 N. IV 2, Förster, § 275 N. 4b, Troll, Versäumnisurteil S. 62; Weismann, Lehrb. 1, 381; Meyer, ZtschZPr. 9, 342. Der Fall des § 275 läuft hier dem des § 304 nicht genau parallel; denn man darf allerdings nicht über die Hauptsache urteilen — auch nicht durch Versäumnisurteil —, wenn eine prozeßhindernde Einrede besteht, wohl aber kann über den Anspruch unter Umständen ein Urteil ergehen, ohne daß eine vorherige Prüfung des Anspruchsgrundes erfolgt ist.

252) Gaupp-Stein, § 275 N. IV 3; Kammergericht, Rspr. 9, 135.

trag des Anspruchs anerkannt, so ist das Nachverfahren entscheidungsreif und demgemäß Urteil zu erlassen, das nicht Anerkenntnisurteil ist, weil sich ja das Anerkenntnis nicht auch auf den Grund erstreckt hat. Für die Frage des Grundes ist die Vorabentscheidung maßgebend; das Urteil steht und fällt also mit ihr.

VI. Fassen wir die Erörterung des vorhergehenden Abschnitts kurz zusammen, so gelangen wir zu folgendem Ergebnis:

1. Klagabweisendes kontradiktorisches Endurteil:

a) Das Endurteil ist rechtskräftig geworden, die Vorabentscheidung wird aufgehoben: das Endurteil kommt ipso facto in Wegfall.

b) Die Vorabentscheidung bleibt zunächst unangefochten, das Endurteil wird angefochten, nach dessen Rechtskraft wird auch die Vorabentscheidung angefochten: das Berufungsgericht ist zunächst an die unangefochtene Vorabentscheidung gebunden, später kann es durch deren Aufhebung sein eigenes (das Endurteil bestätigendes) Urteil zu Fall bringen.

c) Die Vorabentscheidung wird aufgehoben, während in I. Instanz das Nachverfahren schwebt: Der Prozeß wird durch das (klagabweisende) Urteil des Berufungsgerichts beendigt, die Tätigkeit des I. instanziellen Gerichts schließt damit ipso facto ab.

d) Sowohl der Streit über den Grund als auch der über den Betrag ist in die Oberinstanz gediehen: es sind zwei gesonderte Berufungssachen gegeben, das Berufungsverfahren über den Betrag wird durch die Aufhebung der Vorabentscheidung (mit daran anschließender Klagabweisung) ohne weiteres beendigt (analog c!).

Zu a—d. Wird die Vorabentscheidung aufgehoben, so wird durch das im Anschluß daran ergehende klagabweisende Endurteil, nicht durch das hinfällig gewordene I. instanzielle Endurteil der Rechtsstreit definitiv beendigt. Die im I. instanziellen Endurteil enthaltene Kostenentscheidung wird hinfällig; die vom Obergericht zu erlassende Kostenentscheidung hat daher auch über die durch das Nachverfahren entstandenen Kosten zu entscheiden, was in der Weise geschieht, daß die „gesamten Prozeßkosten I. und II. (ev. III.) Instanz" dem Kläger als dem infolge der Klagabweisung endgültig unterlegenen Teil auferlegt werden.

2. Klagverneinendes kontradiktorisches Endurteil und Versäumnisurteil:

Diese Urteile beruhen nicht auf der Vorabentscheidung, sie werden daher durch deren Bestehen oder Nichtbestehen nicht berührt[253]).

a) Eine bereits erlassene Vorabentscheidung wird (auch wenn sie rechtskräftig ist) bedeutungslos[254]), lebt aber nach Beseitigung des Versäumnisurteils wieder auf.

b) Ein über den Anspruchsgrund noch schwebendes Berufungsverfahren wird ohne weiteres beendigt, kann aber nach Beseitigung des Versäumnisurteils fortgesetzt werden.

Zu a und b. Durch das Versäumnisurteil wird der ganze Rechtsstreit, soweit er noch schwebt, also auch soweit die Frage des Anspruchgrundes in die Oberinstanz gediehen ist, erledigt. Eine Entscheidung irgend welcher Art von seite der Oberinstanz erfolgt nicht. Also muß die untere Instanz auch die in der Oberinstanz bereits erwachsenen Kosten der kontumazierten Partei überbürden. — Eine in der Vorabentscheidung enthaltene Kostenentscheidung (Kostenseparation, § 96 ZPO.) wird durch den Wegfall der Vorabentscheidung nicht annulliert[255]); denn diese Entscheidung war eine endgültige (Teil-) Entscheidung über die Kosten, welche ebensowenig durch nachfolgende Säumnis in Wegfall kommen kann wie ein bereits erlassenes Teilurteil über die Sache selbst. Selbstverständlich wird bezüglich der separierten Kostenentscheidung auch der Rechtsmittelweg durch das nachfolgende Versäumnisurteil nicht abgeschnitten. Kommt die in der Vorabentscheidung enthaltene Sachentscheidung in

253) Siehe oben S. 69 ff.!

254) Wilm Levy, § 276 N. 3, erteilt dem Beklagten in diesem Falle für eine über den Grund anhängige Berufungssache die exceptio rei iudicatae. Die Wirkung des Versäumnisurteils geht aber m. E. weiter: der Streit über den Grund des Anspruchs wird sofort beendigt.

255) Schmidt B., Gruchot 47, 818 N. 21. — A. M.: Haas, Gruchot 34, 356, der auch die Kostenseparation in Wegfall kommen läßt

Wegfall, ehe ein Rechtsmittel gegen die Vorabentscheidung eingelegt worden ist, so ist das gegen den Kostenseparationsentscheid zulässige Rechtsmittel die sofortige Beschwerde (§ 99). Im übrigen sei nur noch bemerkt, daß sich aus dem Zusammentreffen von Kostenseparation in der Vorabentscheidung und Anordnung des vorzeitigen Nachverfahrens unlösliche Schwierigkeiten (z. B. bezüglich der Rechtsmittelfrist) ergeben können.

c) Eine nach Erlaß des Versäumnisurteils (bezw. des klagabweisenden kontradiktorischen Endurteils) erfolgte Bestätigung der Vorabentscheidung ist nullius roboris ac momenti, weil die Vorabentscheidung ja nur innerhalb des Prozesses Bedeutung haben kann, der Prozeß aber mit dem Versäumnisurteil beendigt ist. Weil zu einer Zeit erlassen, wo ihr Erlaß absolut unzulässig war, kann eine unter den erwähnten Umständen erlassene Vorabentscheidung auch dann keinerlei Wirksamkeit erlangen, wenn das Versäumnisurteil später wegfällt.

Für die Fälle, in denen der Streit in der einen oder anderen Hinsicht bereits in die Revisionsinstanz gediehen ist, gelten die vorstehenden Ausführungen in entsprechender Anwendung. —

D. Erlaß einer Vorabentscheidung in der Oberinstanz; Zurückverweisung in die erste Instanz[256]).

I. Während nach § 304 ZPO. für die I. Instanz stets nur die Möglichkeit, niemals aber eine Notwendigkeit besteht, in den geeigneten Fällen eine Vorabentscheidung zu erlassen, ist der Berufungsinstanz unter Umständen eine Pflicht zum Erlaß der Vorabentscheidung auferlegt.

Ziff. 3 des § 538 ZPO.[257]) bestimmt nämlich:

„Das Berufungsgericht hat die Sache, insofern eine weitere Verhandlung der-

256) Schmidt-Bardeleben hat diese Materie in Gruchot 47, 588 ff., 781 ff. ausführlich behandelt.

257) = § 500 a. F., § 479 des III. Entwurfs.

selben erforderlich ist, an das Gericht erster Instanz zurückzuverweisen:

1. ....
2. ....
3. wenn im Falle eines nach Grund und Betrag streitigen Anspruchs durch das angefochtene Urteil über den Grund des Anspruchs vorab entschieden oder die Klage abgewiesen ist;
4. ....
5. ...."

Die mangelhaft redigierte Gesetzesbestimmung besagt in ihrer geradezu undeutlichen Knappheit zunächst nur: in Prozessen, in denen ein Anspruch dem Grunde wie dem Betrag nach streitig ist, hat unter Umständen eine Trennung des Streitstoffs in der Weise einzutreten, daß ein Teil des Streitstoffs vom Berufungsgericht erledigt wird, während zur Erledigung des anderen Teils die Sache an das Untergericht zurückzuverweisen ist.

Welches der eine, welches der andere Teil sein soll, ist in § 538 nicht ausdrücklich gesagt. Aus der Gegenüberstellung von „Grund" und „Betrag" ergibt sich aber, daß der eine Teil des Streitstoffs den Anspruchsgrund, der andere dagegen die Betragsfrage betreffen soll[258]), ferner daß der Anspruchsgrund in der II. Instanz erledigt werden und daß die vom Gericht zu treffende Entscheidung eine Vorabentscheidung nach § 304 enthalten soll. Wie sich aus der Ausdrucksweise des Gesetzes „Das Gericht hat .... zurückzuverweisen" ergibt, hat die Vorabentscheidung und Zurückverweisung ohne Abwartung eines Parteiantrags von Amts wegen zu erfolgen. Zweckmäßigkeitsgründe sind hier nicht ausschlaggebend[259]). Keine Zurückverweisung hat dann zu erfolgen, wenn sich Grund und Betrag nicht voneinander trennen lassen und wohl auch dann, wenn eine Trennung (d. i. der Erlaß einer Vorabentscheidung)

258) RGE. 14, 355 f.; 22, 391 ff.; Mot. S. 310; Petersen, § 538 N. 2.

259) RG. JW. 1892, 271 (11).

zu sehr erheblichen Schwierigkeiten und Verwickelungen führen würde. Wenn auch der Zweck der Zerlegung des Streitstoffs bei § 304, wo es in erster Linie auf den Kostenpunkt abgesehen ist, ein anderer ist als bei § 538 Ziff. 3, wo es sich um die Wahrung der Instanzenmehrheit für die Betragsfrage handelt, so ist doch bei beiden Bestimmungen der Gesetzgeber davon ausgegangen, daß das den Grund des Anspruchs betreffende Klagfundament regelmäßig von dem des Betrags wesentlich verschieden und deshalb leicht zu trennen ist. Letzteres ist also für die Anwendung des § 538 Ziff. 3 stillschweigend vorausgesetzt[260]).

§ 538 Ziff. 3 umfaßt zwei sachlich und geschichtlich weit voneinander abstehende Fälle.

a) Der erste Fall (Fall a), wonach eine Zurückverweisung dann stattzufinden hat, wenn in I. Instanz eine Vorabentscheidung über den Grund des Anspruchs erlassen wurde, war von Anfang an in § 538 (§ 500 a. F.) enthalten.

b) Der zweite Fall (Fall b), wonach eine Zurückverweisung dann stattzufinden hat, wenn in I. Instanz ein klagabweisendes Endurteil ergangen ist, wurde durch den Zusatz „oder die Klage abgewiesen hat" erst von der Novelle vom 17. Mai 1898 in den § 538 eingefügt.

Fall a. Durch den Erlaß einer Vorabentscheidung in I. Instanz wird der Streitstoff in zwei Hälften gespalten, von denen jede durch selbständig anfechtbares Urteil erledigt wird und sonach eine gesonderte Berufungssache bildet. Die gegen die Vorabentscheidung eingelegte Berufung betrifft nur die Vorabentscheidung und den von ihr geschlichteten Streitstoff, den Anspruchsgrund. Sie hat mithin auch nur insoweit Devolutiveffekt. Was hingegen den Betrag des Anspruchs anlangt, so verbleibt der Streit hierüber in der I. Instanz[261]);

260) Schmidt B., a. a. O. S. 608.

261) RGE. 5, 424. — Unrichtig ist daher die Behauptung von Schmidt B., a. a. O. S. 803, daß der Streit im Falle des § 538 Ziff. 3 stets mit der Zurückverweisung von der II. in die I. Instanz gelange und dort mit der Rechtskraft des berufungsgerichtlichen Urteils anhängig werde.

die Oberinstanz hat sich damit nicht zu befassen, ja noch mehr: sie darf sich damit gar nicht befassen. Ist der Streit über den Anspruchsgrund in der Berufungsinstanz erledigt, so ist deren Tätigkeit damit erschöpft. Wird die Vorabentscheidung vom Obergericht bestätigt, so kann nach Rechtskraft dieser Entscheidung das in Stillstand geratene Verfahren sogleich fortgesetzt und über den Betrag verhandelt werden. Ja es besteht nach § 304 II sogar die Möglichkeit, daß bereits vor Erlaß des II. instanziellen Urteils, also zu einer Zeit, da eine Zurückverweisung überhaupt noch nicht erfolgt sein kann, über den Betrag verhandelt wird, was unstatthaft wäre, wenn zur Verhandlung über den Betrag eine Zurückverweisung notwendig wäre. In Wirklichkeit liegt eben die Sache so, daß dem Berufungsgericht eine Zurückverweisung gar nicht möglich ist; denn soweit es sich mit der Sache befaßt hat (Anspruchsgrund), ist der Streit erledigt, soweit es sich aber nicht damit befaßt hat (Anspruchsbetrag), hat es auch keinerlei Urteils- und Anordnungsbefugnis.

Hieraus erhellt, daß der Fall a des § 538 Ziff. 3 mit § 304 nicht in vollem Einklang steht: der Gesetzgeber trägt dem Berufungsgericht auf, eine Sache an die I. Instanz, bei der sie sich ohnehin befindet, zurückzuverweisen, er verlangt also in § 538 Ziff. 3 Fall a etwas, wozu er ihm in § 304 die Möglichkeit genommen hat. — Ich habe in der Literatur vergebens nach Bestätigung dieser meiner Ansicht gesucht[262]). Daß sich in dieser Richtung keine Bemerkung findet, ist jedenfalls darauf zurückzuführen, daß die Praxis hierzu niemals Veranlassung gegeben hat, weil die erwähnte Unstimmigkeit des Gesetzes Kollisionen nicht erzeugen kann.

---

262) Schneider, ZtschRpfl. 4, 33 spricht unbedenklich von „einer Zurückverweisung der Sache (!) wegen des noch nicht an das Obergericht gelangten (devolvierten) Betragsverfahrens an das Untergericht“. Am nächsten kommt dem Kern der Sache Gaupp-Stein, § 538 N. V 3, welcher für den Fall, daß der Erstrichter eine Vorabentscheidung nach § 304 erlassen hat, bemerkt: es bedürfe keiner ausdrücklichen Zurückverweisung; dieselbe sei aber auch in diesem Falle ratsam.

Nach dem Dargelegten hätte es der Ziff. 3 des § 500 (a. F.) nicht bedurft; das Verfahren hätte ohnehin den durch § 500 vorgeschriebenen Gang nehmen müssen.

Fall b. Anders verhält es sich im Falle b des § 538 Ziff. 3. Mit der Abweisung der Klage wird der Prozeß in I. Instanz seinem vollen Umfang nach erledigt. Deshalb wird auch der Streitstoff durch die Anfechtung des klagabweisenden Endurteils seinem ganzen Umfang nach in die II. Instanz devolviert; für die I. Instanz bleibt — anders als im Fall a — nichts mehr zur Erledigung übrig[263]). Hier ist also wirklich eine ausdrückliche Anordnung der Zurückverweisung notwendig, wenn nach Bejahung des Anspruchgrundes in der Berufungsinstanz die I. Instanz zwecks Prüfung der Betragsfrage von neuem mit der Sache befaßt werden soll. Mit Recht hat sich daher vor der Novelle von 1898 das Reichsgericht nach anfänglichem Schwanken[264]) dafür ausgesprochen, daß — weil ja dem Gericht damals die Befugnis hierfür noch fehlte — eine Zurückverweisung nach vorgängiger Klagabweisung unstatthaft sei. Der in früheren Prozeßordnungen[265]) gewahrte Grundsatz, den Parteien auch in Betreff der Betragsfrage den Instanzenzug zu wahren, war bei Schaffung der ZPO. aufgegeben worden[266]). Diese Neuerung erwies sich aber in der Folge nicht als beifallswert und so kam es, daß das alte Problem von der Novelle von 1898 wieder aufgenommen und in der Weise des § 538 Ziff. 3 gelöst wurde.

II. Sowohl im Falle a wie im Falle b des § 538 Ziff. 3 hat eine Zurückverweisung nur zu erfolgen, „insofern eine weitere Verhandlung der Sache erforderlich ist". Zur Erläuterung dieser Gesetzesstelle muß auf den Zweck des § 538 Ziff. 3 näher eingegangen werden. In § 537 ZPO. ist die Wirksamkeit der Berufung in der Weise geregelt, daß das Berufungsgericht über

263) RGE. 10, 432.

264) Vgl. hierfür RGE. 14, 357 f., wo hierüber eingehend gehandelt ist.

265) Siehe oben S. 2 ff.!

266) Mot. S. 218.

sämtliche Streitpunkte, sofern deren Prüfung durch die Berufungsanträge geboten ist, zu verhandeln und zu entscheiden hat, selbst wenn in erster Instanz über einzelne Streitpunkte nicht verhandelt und entschieden wurde. Demgemäß müßte sich das Berufungsgericht, wenn es den Grund für gerechtfertigt hält, mit der Betragsfrage auch dann befassen, wenn von der ersten Instanz nur die Frage des Grundes erledigt wurde. Die Betragsfrage würde in diesem Falle nur von der II. Instanz gewürdigt. Dies erschien dem Gesetzgeber als unvereinbar mit den Erfordernissen einer gründlichen, sorgfältigen Rechtsprechung und so entstanden — zwecks Wahrung des Instanzenzugs für gewisse wichtige Streitgebiete — die in § 538 aufgezählten, den Grundsatz vom Devolutiveffekt der Berufung durchbrechenden Ausnahmen von der Regel des § 537. Hieraus ergibt sich: eine weitere Verhandlung der Sache ist stets dann erforderlich, wenn die II. Instanz nach Bejahung des Anspruchgrundes über die Betragsfrage erkennen sollte, während die I. Instanz über den Betrag noch nicht entschieden hat[267]). Die angeführte Gesetzesstelle ist also nicht so aufzufassen, als ob unter einer weiteren Verhandlung jede Verhandlung zu verstehen sei, welche inhaltlich den von der I. Instanz in der Verhandlung erörterten Streitstoff überschreitet. Denn auch wenn zur Feststellung des Grundes noch weitere Erörterungen in II. Instanz zu treffen sind, als es in I. Instanz der Fall war, so entsteht daraus nicht eine „weitere Verhandlung" im Sinne des § 538. — Anderseits bildet jede die Betragsfrage berührende Verhandlung eine „weitere Verhandlung" ohne Rücksicht darauf, ob auf Grund der erstinstanziellen Feststellungen die Betragsfrage tatsächlich ohne weitere Erhebungen für die II. Instanz spruchreif wäre[268]). Denn ausschlaggebend für den Begriff „weitere Verhandlung" ist nur, ob sich die I. Instanz mit der Betragsfrage urteilsmäßig

267) Seuffert, § 538 N. 1b, Gaupp-Stein, § 538 N. II, Petersen, § 538 N. 2, Wilmowski-Levy, § 500 N. 2, Simonson, Gruchot 46, 104. — RGE. 12, 378; 61, 409; JW. 1902, 93 (17) (bez. § 275), SA. 47 N. 170 (bez. § 275), SA. 59 N. 275.

268) Mot. S. 310.

befaßt hat[269]). War dies der Fall, so ist die I. Instanz auch bezüglich der Betragsfrage gewahrt. War es nicht der Fall, so ist eine „weitere Verhandlung“ von seite der I. Instanz erforderlich. — Umfaßt der Prozeß eine Mehrheit von trennbaren Ansprüchen, so muß, soweit möglich, nach § 538 Ziff. 3 entschieden werden; hierdurch kann eine Differenzierung in der Behandlung verschieden gearteter Ansprüche eintreten[270]).

Aus dem Dargelegten ergibt sich, daß eine Zurückverweisung § 538 Ziff. 3 in folgenden Einzelfällen stattzufinden hat:

1. Nach Erlaß einer Vorabentscheidung in I. Instanz:

wenn die II. Instanz die Vorabentscheidung bestätigt.

Wird die Vorabentscheidung wegen Verneinung des Anspruchgrundes in II. Instanz aufgehoben, so hat keine Zurückverweisung zu erfolgen. Denn der Anspruchsbetrag braucht ja nunmehr nicht ermittelt zu werden und zum Erlaß des nach Aufhebung der Vorabentscheidung erforderlichen klagabweisenden Endurteils ist das Berufungsgericht selbst zuständig. Durch die Berufung gegen die Vorabentscheidung wird zwar der Streitstoff nur, soweit er den Grund betrifft, an die II. Instanz devolviert. Allein damit tritt keine Beschränkung in der Art des zu erlassenden Urteils ein, sofern es nicht über den devolvierten Streitstoff hinausgreift.

Interessant ist die Sachlage dann, wenn der Kläger oder der Beklagte säumig wird.

a) Wird der Kläger säumig, so kann sich der Beklagte in der Weise des § 542 II gegen das Bestehen des Anspruchsgrundes wenden. Muß nach dem von ihm Vorgebrachten der Anspruchsgrund verneint werden, so ist die Vorabentscheidung aufzuheben und der gesamte Prozeß durch klagabweisendes Endurteil zu beendigen.

b) Wird der Beklagte säumig, so kann sich die Kontumazierung des Beklagten nur auf den Grund erstrecken; denn

---

269) RGE. 12, 378. — Schmidt B., a. a. O. S. 613.
270) Siehe auch unten S. 83 f.! (Klage und Widerklage).

— anders als in der I. Instanz, bei der auch nach Beschränkung der Verhandlung auf den Grund immer noch die ganze Sache der Rechtsprechung des Gerichts unterstellt ist[271]) — dreht sich beim Berufungsgericht der Streit ja nur um den Grund. Nur über die Berufung, nicht über die Klage ist zu entscheiden[272]), die Befugnis des Berufungsgerichts erstreckt sich also nur auf die Bestätigung der Vorabentscheidung, im übrigen ist der Rechtsstreit an die I. Instanz zurückzuverweisen[273]).

2. Nach Abweisung der Klage in I. Instanz ist eine Zurückverweisung erforderlich:

wenn die II. Instanz den Anspruchsgrund bejaht, während die I. Instanz gerade wegen Verneinung des Grundes die Klage abgewiesen hat.

Das klagabweisende Endurteil muß also als negative Entscheidung über den Grund des Anspruchs das Gegenstück zur Vorabentscheidung nach § 304 bilden[274]). Dabei ist für die Anwendbarkeit des § 538 Ziff. 3 keineswegs Voraussetzung, daß die Ver-

271) Siehe oben S. 75 ff.!

272) Petersen, § 542 N. 2.

273) Vgl. aber die Ausführungen S. 75 ff.! — Analog liegt der Fall, wenn der Beklagte in einer (zweiten, späteren) nur den Betrag betreffenden Berufungssache säumig wird. Auch dann ist nicht mehr, wie bei Säumnis in I. Instanz (S. 57 f.) Gegenstand der Verhandlung die ganze Sache (= die Klage), sondern nurmehr die Entscheidung über die gegen die Feststellung des Betrags geführte Berufungsbeschwerde. Nur insoweit kann also auch die Säumnis des Beklagten überhaupt eine Wirkung äußern, was angesichts der in der Praxis herrschenden Quotenverteilung von Bedeutung ist. — A. M.: Schmidt B., a. a. O. S. 809 f.

274) Siehe oben S. 32 f.! — RGE. 56, 187; Kammergericht, Rspr. 7, 291. — Nicht zu billigen sind die Ausführungen von Gaupp-Stein, 8. Aufl., § 538 N. III 3b, wonach eine Zurückverweisung bei klagabweisenden erstinstanziellen Urteilen nur dann zulässig sein soll, wenn sich die Verhandlung nicht bloß zufällig (?), sondern absichtlich auf den Grund des Anspruchs beschränkt hat. Die „zufällige" oder absichtliche Beschränkung der Verhandlung auf den Anspruchsgrund ändert doch nichts an der Notwendigkeit einer weiteren Verhandlung über den Betrag! — In der 10. Aufl. ist Gaupp-Stein anscheinend von dieser Ansicht abgekommen.

handlung in I. Instanz nach § 146 auf den Grund des Anspruchs beschränkt war[275]).

Auch wenn der Erstrichter nur e i n Element des Anspruchgrundes geprüft und verneint oder nur einen von mehreren Einwänden gewürdigt und für durchgreifend befunden hat, darf das Berufungsgericht, wenn es anderer Meinung ist, also das eine Element bejaht, bezw. den einen Einwand verneint, die Sache nicht zur neuerlichen Verhandlung über den Grund an das erstinstanzielle Gericht zurückverweisen; über den Grund hat vielmehr das Berufungsgericht seinem vollen Umfange nach zu entscheiden[276]). Ob in diesem Falle eine Zurückverweisung aus § 539 ZPO. gerechtfertigt werden kann, ist zweifelhaft. Ich möchte diese Frage bejahen[277]); aber praktische Gründe sprechen jedenfalls entschieden gegen die an sich zulässige Zurückverweisung nach § 539.

Dagegen hat k e i n e Z u r ü c k v e r w e i s u n g zu erfolgen:

a) selbstverständlich dann, wenn das den Grund verneinende, klagabweisende Endurteil vom Berufungsgericht bestätigt, d. i. die Berufung verworfen wird;

b) auch dann, wenn die I. Instanz zwar den Grund des Anspruchs (gleichviel ob durch Vorabentscheidung oder erst im Endurteil) bejaht, m a n g e l s e i n e s B e t r a g s aber die Klage abgewiesen hat[278]); denn in diesem Falle hat sich ja die I. Instanz mit der Betragsfrage bereits befaßt;

c) endlich auch dann, wenn die I. Instanz den Anspruchsgrund überhaupt nicht geprüft, sondern die Klage wegen sofort erwiesenen Nichtbestehens eines Betrags abgewiesen hat. Man kann streiten, ob ein derartiges Verfahren des Erstrichters einwandfrei ist, und wenn es dies nicht ist, ob eine Zurückverweisung nach § 539 ZPO. wegen Lückenhaftigkeit der Urteilsfindung

---

275) RGE. 73, 66.

276) RGE. 47, 366. — N e u k a m p, § 538 N. 3a *ββ*, S c h n e i d e r, ZtschRpfl. 4, 34; vgl. auch R e i n c k e, § 304 N. III.

277) Ebenso anscheinend S c h m i d t B., a. a. O. S. 800.

278) RGE. 59, 427 f. — S e u f f e r t, § 538 N. 4, P e t e r s e n, § 538 N. 6.

erfolgen darf. Ich möchte mich auch in diesem Falle für die Zurückverweisung nach § 539 aussprechen[279]). Indes ist soviel jedenfalls sicher, daß eine Zurückverweisung nach § 538 Ziff. 3 unzulässig ist. Denn eine Zurückverweisung nach § 538 Ziff. 3 kann nur zu dem Zwecke weiterer Verhandlung über den Betrag erfolgen; die Betragsfrage ist aber bereits gewürdigt. Daß nicht auch der Grund des Anspruchs von der I. Instanz gewürdigt wurde, hat insoweit allerdings den Verlust einer Instanz für die Parteien zur Folge, allein dagegen bietet § 538 Ziff. 3 keine Abhilfemöglichkeit.

In den nicht unter § 538 Ziff. 3 zu rechnenden Fällen ist es dem Berufungsgericht freigestellt, ob es eine Vorabentscheidung nach § 304 erlassen will[280]).

III. Es ist klar, daß eine Vorabentscheidung nur dann vom Berufungsgericht bestätigt werden darf, wenn für ihren Erlaß in I. Instanz die gesetzlichen Voraussetzungen vorgelegen haben und sämtliche den Grund berührende Streitpunkte erledigt worden sind. War die Vorabentscheidung in I. Instanz unzulässig, so ist sie aufzuheben, auch wenn sie in II. Instanz zulässig geworden sein sollte. War sie an sich zulässig, nach Lage der Sache aber noch nicht gerechtfertigt, so hat eine Zurückverweisung zu erfolgen, wenn sich in II. Instanz ihre Begründetheit ergibt[281]). — Entsprechendes gilt für den Fall, daß die Vorabentscheidung erst vom Berufungsgericht gemäß § 538 Ziff. 3 erlassen wird. Es wird hier auf die Ausführungen unter Buchstabe A dieser Abhandlung verwiesen.

Insbesondere ist zu beachten, daß sowohl der Grund als auch der Betrag bereits in I. Instanz streitig gewesen sein muß[282]), wie sich dies aus dem Wortlaut des § 538 Ziff. 3 deutlich ergibt.

---

279) A. M. anscheinend Seuffert, § 538 N. 4. — Siehe auch S. 81.

280) RGE. 14, 357. — Siehe auch Note 289!

281) Siehe Schmidt B., a. a. O. S. 614.

282) RGE. 56, 187; JW. 1904, 95 (20). — Seuffert, § 538 N. 4, Gaupp-Stein, § 538 N. V 1, Schneider, ZtschRpfl. 4, 34. — RGE. 77, 397 hält es hierbei nicht für erforderlich, daß der Betrag in I. Instanz bereits ziffermäßig angegeben ist.

Ist der Anspruch in der Berufungsinstanz nicht mehr nach Grund und Betrag streitig, sondern nur noch dem Betrage nach, so geht die Sache zur Entscheidung über den Betrag dann an die I. Instanz zurück, wenn diese eine Vorabentscheidung erlassen hat; denn die Frage des Anspruchgrundes ist erledigt und für die Prüfung der Betragsfrage ist das Berufungsgericht — mangels Devolution der ganzen Sache — nicht zuständig. — Wird im Fall b der Anspruchsgrund anerkannt, so kann eine Zurückverweisung nicht mehr erfolgen; denn da der Grund des Anspruchs nicht mehr streitig ist, so kann über ihn auch keine Vorabentscheidung erlassen werden und somit auch § 538 Ziff. 3 keine Anwendung finden[283]). Mit der Betragsfrage darf sich das Gericht befassen, weil die Devolution die ganze Sache umfaßt hat. — Ist nurmehr der Grund, nicht auch der Betrag streitig, so hat im Falle a das Berufungsgericht den Grund festzustellen; das auf dieser Grundlage und auf Grund des Betragsanerkenntnisses ergehende Endurteil hat die I. Instanz zu fällen. — Erfolgt im Fall b eine Einigung über den Betrag, so kann — genau so wie bei Einigung über den Grund — eine Vorabentscheidung nicht mehr ergehen, für eine Zurückverweisung zur Verhandlung über den Betrag besteht ohnehin keine Veranlassung. Zum Erlaß des Endurteils ist das Berufungsgericht wegen Vollständigkeit der Devolution zuständig.

Sofern eine Teilung des einen Anspruchs oder eine Trennung verbundener Ansprüche statthaft ist, kann sich die Vorabentscheidung und Zurückverweisung auch nur mit dem einen Teil bezw. mit dem einen Anspruch befassen[284]).

Zweifel bestehen, inwieweit eine Zurückverweisung zu erfolgen hat, falls dem Klaganspruch ein Gegenanspruch zunächst aufrechnungsweise und für den Rest mit Widerklage entgegengestellt wird.

Da der Widerkläger den Klaganspruch ganz verneinen will und anderseits der Kläger durch Aufrechterhaltung der Klage das Bestehen eines Widerklaganspruchs in Abrede stellt, so bedarf

283) Vgl. Schmidt B., a. a. O. S. 616, 619, 620, 798.
284) Petersen, § 538 N. 6.

es zur Feststellung des Klag- bezw. des Widerklaganspruchs dem Grunde nach der Feststellung eines überschießenden Betrags auf der einen oder anderen Seite. Damit, daß auf der einen Seite ein überschießender Betrag festgestellt wird, wird zugleich auf der anderen Seite das Bestehen eines Betrags verneint. Der gegnerische Anspruch wird also für ein klagabweisendes Teilurteil spruchreif. Daß über ihn nicht eine Vorabentscheidung dem Grunde nach erlassen werden darf, folgt aus der Unzulässigkeit einer negativen Vorabentscheidung; es kann deshalb auch von keiner Zurückverweisung die Rede sein. Dagegen ist derjenige Anspruch, bezüglich dessen sich ein überschießender Betrag ergeben hat, dem Grunde nach festzustellen und behufs Feststellung des Betrags in die I. Instanz zurückzuverweisen. Denn die Feststellung eines überschießenden Betrags umfaßt nicht notwendig auch bereits die genaue Feststellung der Höhe dieses Betrags. Mußte bereits die genaue Betragshöhe geprüft werden, so wäre eine Zurückverweisung über den Betrag zwecklos. Es liegt dann einer jener Fälle vor, in denen das Tatsachenfundament des Anspruchgrundes von dem des Betrags nicht verschieden ist, in denen deshalb auch § 304 und § 538 Ziff. 3 keine Anwendung finden kann.

Nicht richtig dürfte die Ansicht sein, daß bei Klage, Aufrechnung und Widerklage stets die beiden Ansprüche zurückzuverweisen seien, weil sie „eine ganze Sache" seien[285]).

Wenn die aufgerechneten Ansprüche nicht in rechtlichem Zusammenhang stehen, so kann § 302 Anwendung finden, d. h. es kann der Anspruchsgrund unter Vorbehalt der Aufrechnung festgestellt werden; sodann ist die Sache an die I. Instanz zurückzuverweisen, welche den Betrag festzustellen hat. Die Erledigung der vorbehaltenen Aufrechnung ist gleichfalls Sache der I. Instanz, nicht des Berufungsgerichts[286]). Denn diese hat den Anspruchs-

285) RG. JW. 1902, 217 (18). — Seuffert, § 538 N. 4. — A. M.: RG. JW. 1908, 529 (15). — Vgl. auch Schmidt B., a. a. O. S. 598 N. 7, 781 ff., Gaupp-Stein, § 538 N. V 4.

286) A. M.: Schmidt B., a. a. O. S. 794, Gaupp-Stein, § 302 N. IV 1.

grund ein für allemal erledigt und hat sich mit ihm auch dann nicht noch ein zweites Mal zu befassen, wenn die Erledigung unter Vorbehalt der Aufrechnung erfolgte. Die Prüfung der Aufrechnung hat nach Erlaß des Endurteils zu geschehen und gehört zu dem Streitstoff, welcher nach Feststellung des Grundes zu erledigen ist; hierfür ist aber nicht die II., sondern die I. Instanz kompetent.

Wird ein Anspruch in II. Instanz gemäß § 268 Ziff. 2, 3 oder nach § 529 II neu erhoben, so hat eine Zurückverweisung nicht zu erfolgen[287]). Denn § 538 Ziff. 3 will nur nicht, daß die Parteien deswegen um die mehrfache Prüfung des ganzen Streitstoffes gebracht werden, weil sich die I. Instanz unrichtiger Weise nur mit dem Grund und nicht auch mit dem Betrag des Anspruchs befaßt hat. Davon ist der Fall streng zu scheiden, in welchem eine Partei nicht infolge der Art und Weise der Prozeßerledigung durch den Erstrichter um die I. Instanz gebracht wird, sondern dadurch, daß sie — mit oder ohne Schuld — den Anspruch überhaupt erst in II. Instanz dem Gericht unterbreitet. Warum in diesem Falle eine Zurückverweisung erfolgen soll, ist mir nicht verständlich; aus dem Zweck des § 538 Ziff. 3 kann sie jedenfalls nicht hergeleitet werden.

Werden vom Beklagten Verteidigungsmittel verspätet vorgebracht, so kann gemäß §§ 279, 529, 540 ZPO. verfahren werden[288]). An das unter Vorbehalt ergehende zweitinstanzielle Urteil schließt sich die Erledigung des zurückgewiesenen Verteidigungsmittels unmittelbar an; es ergeht also nicht zuvor in I. Instanz das Endurteil. Deshalb erfolgt auch, anders als bei Vorbehalt einer Aufrechnung, die Erledigung des Vorbehalts durch die II., nicht durch die I. Instanz.

---

287) Gaupp-Stein, § 538 N. V 1; anscheinend auch Neukamp, § 538 N. 3a. — A. M.: RGE. 49, 42 f.; Seuffert, § 538 N. 4, Petersen, § 538 N. 6, Schmidt V., a. a. O. S. 600, 614 f. (nur bezüglich des § 268 Ziff. 2, 3); auch Struckm K., § 538 N. 4, nimmt eine Mittelstellung ein.

288) Schmidt V., a. a. O. S. 794.

IV. Das nach § 538 Ziff. 3 ergehende Berufungsurteil hat, abgesehen von der Prüfung der Berufungszulässigkeit, zu enthalten:

1. eine Sachentscheidung in Betreff des Anspruchsgrundes, und zwar entweder
   a) in der Form der Berufungsverwerfung (= Bestätigung der Vorabentscheidung) (Fall a), oder
   b) als eigentliche Vorabentscheidung über den Grund (§ 304) unter Aufhebung des erstinstanziellen Urteils[289]);
2. daran anschließend eine Prozeßweisung, die Zurückverweisung in die I. Instanz[290]).

Auch die Kostenfrage ist unter Umständen in dem Berufungsurteil zu behandeln.

Wenn nämlich eine Zurückverweisung unter Verwerfung der Berufung stattfindet (Fall a), so sind die Kosten der Berufung dem Beschwerdeführer aufzuerlegen (§ 97 I ZPO.)[291]). Nach der in der Praxis herrschenden Anschauung, wonach infolge einer Quotenverteilung auch der Kläger in der Vorabentscheidung beschwert sein kann[292]), kommt sowohl der Kläger wie der Beklagte als kostenfälliger Berufungsführer in Betracht. Nach der in dieser Abhandlung vertretenen Meinung, wonach die Quoten-

289) Erläßt das Berufungsgericht in einem Falle, in welchem eine Zurückverweisung nicht zu erfolgen hat, eine Vorabentscheidung (s. Fall b und c, S. 81 f.!), so hat die Aufhebung des erstinstanziellen Urteils nicht schon mit der Vorabentscheidung, sondern erst mit dem berufungsgerichtlichen Endurteil zu erfolgen, da sich im Nachverfahren immer noch der Anspruchsbetrag = 0 erweisen kann.

290) Kann über den Grund nicht unbedingt entschieden werden, so ist zuerst eine bedingte Vorabentscheidung zu erlassen; die Zurückverweisung ist erst mit dem Läuterungsurteil zu verbinden. Die Zurückverweisung kann auch bereits im Eidesurteil in Aussicht gestellt sein; notwendig ist dies aber nicht, da sie aus der Bejahung des Grundes ohnehin mit gesetzlicher Notwendigkeit folgt.

291) RGE. 13, 414. — Seuffert, § 538 N. 1 f., § 97 N. 2. — A. M.: Petersen, § 538 N. 3, der die Kostenentscheidung in jedem Falle dem erstinstanziellen Endurteil vorbehalten wissen will; ebenso anscheinend Schmidt B., a. a. O. S. 796.

292) Siehe oben S. 24!

festsetzung Sache des Nachverfahrens ist, kommt nur der Beklagte in Frage[293]).

Erfolgt die Zurückverweisung auf Grund einer erfolgreichen Berufung (Fall b), so können die Kosten keinem der Berufungsgegner auferlegt werden: dem Berufungsführer (= Kläger) nicht, weil er obsiegt hat, dem Berufungsbeklagten (= Beklagten), obwohl er in der Berufungsinstanz unterlegen ist, deswegen nicht, weil er für die unrichtige Entscheidung der I. Instanz nicht verantwortlich gemacht werden kann, sein endgültiges Unterliegen aber noch nicht feststeht. Die Kosten der Berufung sind daher als unausscheidbarer Teil der gesamten Prozeßkosten zu behandeln, über die erst im erstinstanziellen Endurteil entschieden werden kann. Die Kosten der Berufung müssen sonach dem Endurteil I. Instanz ausdrücklich oder stillschweigend vorbehalten werden[294]).

Schwieriger ist die Kostenentscheidung, wenn — was nur im Falle a und nur bei der in der Praxis über die Quotenverteilung herrschenden Ansicht möglich ist — der Berufungsführer nur teilweise obsiegt, wenn ihm also z. B. anstatt $^2/_5$ des mitwirkenden Verschuldens nurmehr $^1/_5$ zugemessen wird. Bilden die dem Kläger auferlegten $^2/_5$ den Gegenstand der Berufung, so hat er die Hälfte der Berufungskosten (als auf das eine Fünftel = $^1/_2$ des Beschwerdegegenstands treffend) jedenfalls dauernd zu tragen; diese Hälfte kann ihm mithin gleich im Berufungsurteil überbürdet werden. Bezüglich der anderen Hälfte steht der Kostenträger noch nicht endgültig fest, sie ist daher erst im Endurteil einer Partei, bezw. wenn § 92 I ZPO. Anwendung findet, den Parteien zuzuweisen. — In der Praxis wird m. W. in diesem Falle die Kostenentscheidung ganz dem erstinstanziellen Endurteil vorbehalten[295]).

---

293) So auch Haas, Gruchot 34, 361, der den Fall der Quotenverteilung dabei allerdings nicht im Auge hat.

294) Ebenso Seuffert, § 538 N. 1 f. — Siehe auch die vorige Seite N. 291!

295) So z. B. auch das Oberlandesgericht München, Urteil des III. Zivilsenats vom 9. Februar 1911.

Ein nach § 538 Ziff. 3 erlassenes Urteil ist seinem ganzen Umfange nach als revisibles Endurteil (§ 545 ZPO.) anzusehen[296]. Im Falle a wie im Falle b erschöpft sich die Aufgabe des Berufungsgerichts mit der Feststellung des Anspruchgrundes: im Falle a, weil nur der Streit über den Grund an die II. Instanz devolviert wird, im Falle b, weil die Entscheidungsbefugnis des Gerichts ausdrücklich auf den Grund beschränkt ist. Die Berufungssache ist also in beiden Fällen etwas ganz anderes als die erstinstanzielle Klagsache. Aufgabe des Berufungsgericht ist im einen wie im anderen Falle nur: die Entscheidung über die den Anspruchsgrund betreffende Berufungsbeschwerde. Damit ist die Tätigkeit des Berufungsgerichts erschöpft, es wird nicht etwa erst der Erlaß eines die II. Instanz beendigenden Urteils vorbereitet. Letzteres müßte aber der Fall sein, wollte man das berufungsgerichtliche Urteil als Zwischenurteil auffassen[297]. Es wird sich schwer sagen lassen, welches Urteil man vom Berufungsgericht außer dem bereits erlassenen (angeblichen) Zwischenurteil in der anhängigen Berufungssache noch erwarten will. Anzunehmen, daß erst ein über den Betrag entscheidendes Urteil des Berufungsgerichts das Endurteil sei, geht nicht an; denn es ist ja ganz ungewiß, ob sich das Berufungsgericht später mit der Betragsfrage überhaupt jemals zu befassen haben wird; sicherlich ist es nicht im normalen Lauf der Sache gelegen. Sofern es später nicht der

---

296) RGE. 5, 375; 6, 336, 424; 7, 421 ff.; 17, 360; 24, 430; 50, 219; BayerOLGE. (n. F.) 6, 631. — Gaupp-Stein, § 538 N. VIII, Struckm K., § 538 N. 1, Petersen, § 538 N. 3, Sydow B., § 538 N. 1, Neukamp, § 538 N. 2c, Wilm Levy, § 500 N. 3, Planck, Lehrb. I 453, Schmidt, Lehrb. S. 794, Fitting, Lehrb. S. 430, Kleinfeller, Lehrb. S. 530, Bunsen, Lehrb. S. 452, 454 N. 12, Wach, Vorträge, S. 271, Kohler, Der Prozeß als Rechtsverhältnis S. 74, Troll, Versäumnisurteil S. 231 ff., Schmidt B., a. a. O. S. 802, Haas, Gruchot 34, 343, 350, Meyer, ZtschZPr. 9, 359. — A. M.: RGE. 12, 273; Seuffert, § 538 N. 1c und ZtschZPr. 7, 22 ff., der die selbständige Anfechtbarkeit nur aus § 304, nicht aus § 545 herleitet; siehe auch Note 304! — Barazetti, Berufung S. 167, 170, Rocholl, ZtschZPr. 10, 299 ff., Schultzenstein, Gruchot 27, 301.

297) RGE. 7, 427. Siehe oben S. 33!

Fall ist, wäre die Tätigkeit des Berufungsgerichts doch durch das angebliche Zwischenurteil beendigt worden. Aber auch wenn die Sache nach erneuter Verhandlung und Entscheidung in I. Instanz an das Berufungsgericht zurückgelangt, läßt sich das erste berufungsgerichtliche Urteil nicht als bloße Vorbereitung des zweiten Urteils betrachten. Denn es liegt ja dann nicht wieder die gleiche Berufungssache, sondern eine Mehrheit von Berufungssachen vor[298]). Daher ist ein Prozeßbevollmächtigter, der für die den Anspruchsgrund betreffende Berufungssache aufgestellt ist, nicht eo ipso auch als Vertreter für den zweiten, den Betrag betreffenden Berufungsstreit legitimiert[299]). Auch bezüglich der Gebühren werden die beiden Berufungsstreitigkeiten als getrennte Sachen behandelt[300]); der Billigkeit entspricht dies allerdings kaum, da man den Parteien nicht zumuten kann, in der Berufungsinstanz die Gebühren zweimal zu erlegen, lediglich deswegen, weil infolge der Vorabentscheidung eine Spaltung des Streitstoffes eingetreten ist.

V. Ist das berufungsgerichtliche Urteil mit Revision nicht oder wegen Ablaufs der Rechtsmittelfrist nicht mehr anfechtbar, so erlangt das Urteil formelle Rechtskraft[301]). Materielle Rechtskraft wohnt dem Urteil nicht inne; soweit es eine Sachentscheidung enthält, gilt das S. 51 ff. bemerkte, soweit es eine Prozeßweisung enthält, kann eine materielle Rechtskraftwirkung überhaupt nicht in Frage kommen. Aus diesem Grunde ist auch die Verbindung eines Ausspruchs nach § 717 II ZPO.

---

298) RGE. 8, 434; 16, 354 f.; JW. 1893, 563 (= SA. 49 N. 340); BayerOLGE. (a. F.) 14, 262; Petersen, § 538 N. 3.

299) RGE. 16, 354.

300) RGE. 8, 434; 10, 425; JW. 1893, 563 (23), 1896, 152 (33); Petersen, § 538 N. 3, Pfafferoth, Gerichtskostenwesen, S. 26, Willenbücher, Kostenfestsetzungsverfahren S. 158. Für den Streitwert gilt das S. 37 bemerkte.

301) Warum Schmidt B., a. a. O. S. 804 ff. behauptet, daß diese formelle Rechtskraft nur eine unvollkommene, schwächere sei, vermag ich nicht einzusehen. Denn formell ist die Rechtskraft doch so vollkommen, als sie es überhaupt sein kann: die Entscheidung ist im Rechtsmittelweg unanfechtbar geworden.

mit einer in der Berufungsinstanz ergehenden Vorabentscheidung unzulässig[302]).

Nach Rechtskraft des berufungsgerichtlichen Urteils ist auf Grund der darin enthaltenen Rechtfertigung des Anspruchsgrundes in I. Instanz zur weiteren Verhandlung über den Rest des Streitstoffs zu schreiten. Maßgebend für den Weiterbetrieb ist auch im Falle b des § 538 Ziff. 3 das Parteiprinzip. Es finden deshalb die unter Buchstabe C Ziff. I dieser Abhandlung aufgestellten Grundsätze Anwendung.

Daß im Fall a auch schon vor Rechtskraft des berufungsgerichtlichen Urteils in I. Instanz weiterverhandelt werden kann, wurde bereits S. 100 bemerkt. Anders ist es im Falle b; hier hindert der Suspensiveffekt der Berufung an der Weiterverhandlung vor Rechtskraft des zweitinstanziellen Urteils[303]), eine analoge Anwendung des § 304 II ist selbstverständlich nicht zulässig[303]).

Das neuerliche Verfahren in I. Instanz bildet nicht eine Fortsetzung des zweitinstanziellen Verfahrens, da ja der Gegenstand der Verhandlung ein ganz anderer ist[304]). Es haben daher die für die I. Instanz geltenden Grundsätze Anwendung zu finden, nicht die für die II. Instanz geltenden[305]). — Dagegen bildet das Verfahren der I. Instanz nach erfolgter Zurückverweisung mit dem früheren erstinstanziellen Verfahren eine Instanz, weil die Aufgabe des Gerichts für beide Verfahrensabschnitte dieselbe ist und erst in dem zweiten Abschnitte ihre vollständige Erledigung findet. Bezüglich der Kostenberechnung ist dies in § 31 des Gerichtskostengesetzes, § 26 der Gebührenordnung für Rechtsanwälte, ausdrücklich ausgesprochen.

---

302) RGE. 78, 238.

303) Schmidt B., a. a. O. S. 803.

304) Troll, Versäumnisurteil S. 183 und 238 f., Schmidt B., a. a. O. S. 815. — A. M.: Seuffert, ZtschZPr. 7, 53. S. kommt zu diesem Resultat namentlich auf Grund einer interessanten historischen Untersuchung der sog. Delegation (der Übertragung der Urteilsbefugnis vom Obergericht an das Untergericht) im kanonisch-italienischen und im gemeinrechtlichen Prozeß.

305) RG. SA. 56, 65.

Die in dem berufungsgerichtlichen Urteil enthaltene Entscheidung über den Anspruchsgrund bildet die Grundlage für die neuerliche erstinstanzielle Verhandlung[306]). Denn es ist klar und bedarf wohl kaum einer Begründung, daß die I. Instanz nach Zurückverweisung der Sache an die Entscheidung des Obergerichts gebunden ist, sofern diese nicht ohnehin lediglich in einer Bestätigung des erstinstanziellen Urteils besteht. Zwar ist dies im Gesetz selbst nicht ausdrücklich gesagt; es folgt aber aus dem Zweck und der Entstehungsgeschichte des § 538 Ziff. 3. Die Bindung erstreckt sich indes nur auf den Urteilsspruch, also auf das bloße Bestehen des Grundes, nicht aber auf die in den Gründen des Urteils enthaltenen Leitsätze und Rechtsanschauungen[307]). — Zwischenurteile, welche die I. Instanz bereits im ersten Verfahrensabschnitt erlassen hat, behalten ihre Gültigkeit auch für den späteren Verfahrensabschnitt, soweit sie nicht mit der berufungsgerichtlichen Vorabentscheidung in Widerspruch stehen und deshalb hinfällig geworden sind[308]). — Gelangt die Sache ein zweites Mal vor das Berufungsgericht, so ist auch dieses an seine Vorabentscheidung gebunden[309]), zwar nicht etwa nach § 318[310]), da es sich ja um verschiedene Berufungssachen handelt, sondern deshalb, weil nach rechtskräftiger Feststellung des Anspruchsgrundes ein Rechtsmittel überhaupt nurmehr die Frage des Betrags betreffen kann.

VI. Aus § 538 Ziff. 3 kann eine Revisionsrüge in zweifacher Weise hergeleitet werden: entweder, weil das Berufungsgericht den § 538 Ziff. 3 in einem ungeeigneten Falle

---

306) Seuffert, § 538 N. 1d, welcher auch für Fall b des § 538 Ziff. 3 konsequent den § 318 für anwendbar erachtet; Petersen, § 538 N. 3, Struckm. K., § 538 N. 1, Wilm Levy, § 500 N. 3, Fitting, Lehrb. S. 430, Hellwig, Lehrb. II 157, Troll, Versäumnisurteil S. 230—239, RG. SA. 56 N. 65.

307) RG. SA. 56 N. 65; a. M. anscheinend Schmidt B., a. a. O. S. 814.

308) RGE. 35, 407; Petersen, § 538 N. 2.

309) Seuffert, § 538 N. 1d, Petersen, § 538 N. 3, Wilm Levy, § 500 N. 3, analog: Bierhaus, ZtschZPr. 6, 247.

310) So Fitting, Lehrb. S. 430.

angewendet oder weil es seine Anwendung in einem hierfür geeigneten Falle unterlassen und durch die eigene Entscheidung über den Betrag seine Zuständigkeitsbefugnis überschritten hat[311]). Ein derartiger Verfahrensmangel ist von Amts wegen zu beachten[312]), also auch dann, wenn sich die Revisionsrüge auf ihn nicht erstreckt; er kann durch einen vorgängigen oder nachträglichen Verzicht der Parteien auf die Beobachtung des § 538 Ziff. 3 wegen des zwingenden Charakters dieser Rechtsnorm nicht geheilt werden.

Ist der Anspruchsgrund in den beiden unteren Instanzen verneint worden, so hat die III. Instanz, wenn sie den Anspruchsgrund nach dem von den Untergerichten festgestellten Sachverhältnis zu bejahen imstande ist, in Gemäßheit des § 304 zu entscheiden und im übrigen die Sache zurückzuverweisen (§ 565 III Ziff. 1)[313]).

Hätte bereits das Berufungsgericht den Anspruchsgrund bejahen und die Sache an die I. Instanz zurückverweisen sollen, so kann die Sache vom Revisionsgericht unmittelbar an die I. Instanz zurückverwiesen werden[314]).

Ist vom Berufungsgericht der Anspruchsgrund mit Recht bejaht, die Zurückverweisung aber mit Unrecht angeordnet worden, so hat das Revisionsgericht nur die Zurückverweisung aufzuheben und die Sache seinerseits an das Berufungsgericht zwecks Verhandlung über den Betrag zurückzuverweisen; die Vorabentscheidung selbst bleibt bestehen[315]).

---

311) Seuffert, § 538 N. 1d, Petersen, § 538 N. 2. — RGE. 14, 357; 22, 392; JW. 1902, 93 (18).

312) Struckm K., § 538 N. 1.

313) RGE. 50, 224; JW. 1904, 448 (3); Gaupp-Stein, § 304 N. I 3, Neukamp, § 565 N. 1, 13, Schmidt B., a. a. O. S. 812.

314) RG. JW. 1902, 93 (17); Wilm Levy, § 500 N. 6.

315) RGE. 10, 427; 13, 433.

Schlußbemerkung[316]).

Wir haben bei Betrachtung der Urteile aus § 304 und § 538 Ziff. 3 ZPO. wahrgenommen, wie viele Schwierigkeiten und Zweifelsfragen sich bei Anwendung der beiden Gesetzesbestimmungen ergeben, und wir können beim Studium der oberstrichterlichen Rechtsprechung bemerken, daß unter den zahlreichen über die Materie ergangenen Entscheidungen sehr viele sind, welche das unterinstanzielle Urteil aufheben.

Werfen wir zum Schluß noch einen Blick auf die Quelle dieser Schwierigkeiten und Fehler! Ihre Ursache ist eine dreifache:

1. Die Unklarheit und übergroße Knappheit des Gesetzes selbst. Es ist unmöglich, ein Verfahren, das soviel Kombinationsmöglichkeiten bietet wie das auf § 304 aufgebaute Vorabentscheidungs- und das daran anschließende Nachverfahren, für die I. und II. Instanz in zwei kurzen Paragraphen zu regeln. Denn es muß dann zuviel der Gesetzesauslegung überlassen bleiben, und welch verschiedenartige Resultate hierdurch gezeitigt werden können, zeigt am deutlichsten die Auffassung Fittings über das vorzeitige Nachverfahren (s. N. 220 und N. 236!). — Fall a des § 538 Ziff. 3 kann jedenfalls mit Fug gänzlich gestrichen werden. Für Fall b dürfte es sich empfehlen, wenn die Zurückverweisung fakultativ wäre und nur auf Antrag einer Partei erfolgen müßte, sofern die Zurückverweisung nicht eine erhebliche Erschwerung des Verfahrens zur Folge haben würde; als Rechtsmittel gegen die Ablehnung eines derartigen Parteiantrags würde sich sofortige Beschwerde empfehlen. Im übrigen finden sich Verbesserungsvorschläge de lege ferenda bei Schmidt B., a. a. O. gegen Ende.

---

316) Vgl. hierzu Schmidt B., in Gruch. 47 am Ende, Eickhoff, Gruch. 51, 111 ff., Schneider, ZtschRpfl. 4, 29 ff.

2. Die Unsicherheit und Engheit der oberstrichterlichen Praxis ist eine weitere Ursache. Ersteres zeigt sich insbesondere bei der Frage, ob für die Vorabentscheidung ein Schadensbetrag nachgewiesen sein müsse (S. 15 ff.), welche Einreden den Grund berühren (S. 22 ff.) und in welcher Weise Klage, Aufrechnung und Widerklage nach § 538 Ziff. 3 zu behandeln sind (S. 83 ff.). Eine Engheit der Rechtsprechung tritt besonders darin zutage, daß Schadensersatzklagen salva liquidatione (§ 256 ZPO.) infolge der übermäßigen Betonung des Erfordernisses eines „rechtlichen Interesses an der alsbaldigen Feststellung" zu streng behandelt werden, und darin, daß ein gewöhnliches (nicht selbständig anfechtbares) Zwischenurteil über den Anspruchsgrund für unzulässig erachtet wird.

3. Endlich ist die Handhabung des Gesetzes in der Praxis der Untergerichte eine Fehlerquelle und zwar eine nicht unerhebliche. Es muß bei § 304 vor allem darauf geachtet werden, daß von einem Kostenrisiko nur dann die Rede sein kann, wenn über die Betragsfrage umfangreiche und schwierige Erhebungen zu pflegen sind. Ist das nicht der Fall, so ist eine Vorabentscheidung von vornherein verfehlt und nur für eine Verwirrung und Verschleppung des Prozesses geeignet. Aber auch wenn die erwähnte Voraussetzung gegeben ist, ist eine Vorabentscheidung zu unterlassen,

a) wenn über den Grund berechtigte Zweifel nicht bestehen können, da auch in diesem Falle eine Vorabentscheidung nur einer Prozeßverschleppung dienen kann;

b) wenn der Betrag sehr wahrscheinlich = 0 ist, da sich bei Verneinung der Betragsfrage eine Prüfung des Grundes ohnehin erübrigt.

Zu besonderen Schwierigkeiten kann das vorzeitige Nachverfahren führen; für seine Anordnung ist also besondere Vorsicht geboten. Es gibt überhaupt nur einen Fall, in welchem die Anordnung des vorzeitigen Nachverfahrens empfehlenswert ist, weil damit eine Nuanzierung des von § 304 verfolgten Zwecks erreicht werden kann: wenn der Anspruchsgrund zweifelhaft, das durch die Betragsprüfung erwachsende Kostenrisiko groß und die Sache selbst sehr dringlich ist. In diesem Falle trägt ein vorzeitiges Nachverfahren einerseits der Dringlichkeit der Sache Rechnung, weil nach Rechtskraft der Vorabentscheidung nicht mehr die ganze Betragsfrage unerledigt ist, anderseits wird auf das Kostenrisiko insofern Bedacht genommen, als die Aufhebung der Vorabentscheidung jederzeit zum Abbruch der über den Betrag schwebenden Verhandlung führen kann, in welchem Falle der Kläger immer noch besser gestellt ist, wie wenn vor der Berufung die Betragsfrage vollständig verhandelt worden wäre. In allen anderen Fällen ist ein vorzeitiges Nachverfahren unzweckmäßig. —

Sachverzeichnis.

Ziffern = Seiten. EU. = Endurteil; VE. = Vorabentscheidung; ZVU. = Zurückverweisungsurteil.

FSC
www.fsc.org
MIX
Papier | Fördert
gute Waldnutzung
FSC® C083411

Kolibri 360 GmbH
Ferdinand-Jühlke-Straße 7
99095 Erfurt, Deutschland
produktsicherheit@kolibri360.de